ICH HAU DIR GLEICH EINE!

111 Tipps zum Umgang mit herausforderndem Verhalten von Menschen mit Demenz

Stefanie Helsper

Verlag an der Ruhr

Impressum

Titel
Kleine Helfer für die Altenpflege
Ich hau dir gleich eine!
111 Tipps zum Umgang mit herausforderndem Verhalten von Menschen mit Demenz

Autorin
Stefanie Helsper

Lektorat
Corina Altmann

Titelbildmotive
© alison1414 – Shutterstock.com (Oma);
© Olga Kovalenko (Hintergrund Wand), © annagolant (Button),
© Elaelo (Hand), © KatyaKatya (Muster „Pinselstrich"), © raven (Sprechblase)
– alle stock.adobe.com

Illustrationen im Innenteil
Kapiteldeckblätter © Norbert Höveler
Tipp-Icon © Verlag an der Ruhr

Druck
AZ Druck und Datentechnik GmbH, Kempten, DE

Verlag an der Ruhr
Mülheim an der Ruhr
www.verlagruhr.de

ISBN 978-3-8346-4753-5

Inhaltsverzeichnis

Vorwort

Lautes Rufen, anhaltendes Klopfen, Schieben von Gegenständen, Umräumen, ständiges Laufen, ärgerliches Schimpfen, nicht enden wollendes Schreien, verletzendes Verhalten, Zerreißen von Kleidung, anhaltendes Weinen, Nesteln oder lautes Zähneknirschen können die ganze Palette herausfordernden Verhaltens von Menschen mit Demenz darstellen.
Kennen Sie diese Verhaltensweisen aus Ihrem beruflichen Kontext oder als pflegende*r Angehörige*r [1]?

Haben Sie auch schon eine konfrontative Erfahrung gemacht, in der Sie sich durch das Verhalten von Menschen mit Demenz herausgefordert gefühlt haben? Waren Sie schon in einer Begegnung mit einem Menschen mit Demenz, in der Sie nicht mehr weiterwussten und das Verhalten des Gegenübers einfach nicht verstanden haben? Kamen Sie dabei an Ihre Grenzen? Fühlten Sie sich schon einmal in einer Situation bedroht?

Falls Sie eine dieser Fragen mit Ja beantworten konnten, halten Sie das richtige Buch in den Händen. Es möchte gerne Licht ins Dunkel bringen und hat sich zur Aufgabe gemacht, Ihnen 111 Tipps an die Hand zu geben, durch die der Umgang mit herausfordernden Menschen mit Demenz besser gelingen kann. Es möchte das Warum der Verhaltensweisen aufdecken

---

[1] *Der Verlag an der Ruhr legt großen Wert auf eine geschlechtergerechte und inklusive Sprache. Daher nutzen wir bevorzugt das Gendersternchen, um sowohl männliche und weibliche als auch nichtbinäre Geschlechtsidentitäten einzuschließen. Alternativ verwenden wir neutrale Formulierungen.*

und Sie auf eine Entdeckungsreise zum Mittelpunkt des Herzens der Menschen mit Demenz mitnehmen, damit Sie die Verhaltensweisen besser verstehen können.

Ich selbst habe in meiner Arbeit mit Menschen mit Demenz immer wieder die Erfahrung gemacht, dass ich an meine Grenzen kam – mit meinem Latein am Ende war, Verhaltensweisen von Menschen mit Demenz einfach nicht verstehen konnte. Mit meinem Fachwissen und meiner Erfahrung, gepaart mit der Bereitschaft, sich ganz und gar auf das Gegenüber einzustellen und den Versuch zu starten, „in dessen Schuhe zu schlüpfen und damit zu laufen", habe ich mit der Zeit einen Weitblick entwickelt und konnte so die Verhaltensweisen verstehen und annehmen.

Ich wünsche Ihnen von Herzen, dass dieses Buch mit den 111 Tipps für den Umgang mit herausforderndem Verhalten bei Menschen mit Demenz Ihnen ein besseres Verständnis, einen Weitblick, eine Sensibilität und eine Gelassenheit gibt oder Sie sich bestätigt fühlen, dass Sie bereits im Handling alles richtig gemacht haben und auf einem guten Weg sind.

Ihre *Stefanie Helsper*

HERAUSFORDERNDES VERHALTEN – WAS IST DAS?

Stecknadeln im Gehirn – kognitive demenzielle Veränderungen

Was heißt „Kognition"? Das Wort steht für alle Denk- und Gedächtnisleistungen unseres Gehirns. Die Kognition beinhaltet alle Funktionen des logischen und abstrakten Denkens, alle Gedächtnisleistungen und Merkfähigkeiten, das Beherrschen des Sprechens, des Planens und Strukturierens, der Orientierung und des Lernens.
Das Krankheitsbild Demenz steht für mehrere kognitive Veränderungen. Die meisten demenziellen Veränderungen sind eine Kombination aus Störungen und Fähigkeitsverlusten. Der Krankheitsverlauf lässt sich in drei Stadien einteilen:

Stadien der Demenz

Leichtes Stadium:

- Störungen im Kurzzeitgedächtnis
- Informationsverlust
- Schwierigkeiten, Gesprächen zu folgen
- Wortfindungsstörungen
- erste Schwierigkeiten bei der räumlichen und zeitlichen Orientierung
- erste Schwierigkeiten mit komplizierteren Anforderungen

Mittelgradiges Stadium:

- Langzeitgedächtnisstörung
- zeitlicher und räumlicher Orientierungsverlust
- deutliche Wahrnehmungsveränderungen

- Unterstützung bei der Alltagsbewältigung; eine selbstständige Lebensführung ist nicht mehr möglich
- Veränderungen im Verhalten und in der Persönlichkeit
- gestörtes Zeitgefühl und Veränderung des Tag-Nacht-Rhythmus

Schweres Stadium:

- Sprachverlust
- Abnahme der Mobilität
- Kontrakturen
- Inkontinenz
- Kauen, Schlucken und Atmen werden immer mühsamer
- Anfälligkeit für Infektionskrankheiten
- Tod

An dieser Stelle ist es jedoch sehr wichtig, zu erwähnen, dass jede Demenz individuell anders verläuft und jeder Mensch mit Demenz andere oder anders ausgeprägte Symptome zeigt.

> **Tipp 1:** Jeder Mensch mit Demenz ist individuell anders. Wenn Sie einen Menschen mit Demenz kennen, kennen Sie einen Menschen mit Demenz.

Die bekannteste Demenzform ist die Alzheimer-Demenz. Erste medizinische Erkenntnisse über diese Erkrankung gewann Dr. Alois Alzheimer[2] schon im Jahre 1901, vor mehr als 100

[2] *vgl. Alzheimer, Alois (1907): Über eine eigenartige Erkrankung der Hirnrinde. In: Allgemeine Zeitschrift für Psychiatrie und psychisch-gerichtliche Medizin. Bd. 64., S. 146–148.*

Jahren, an seiner Patientin Auguste Deter in der „Anstalt für Irre und Epileptische" in Frankfurt am Main. Auguste Deter war zu dieser Zeit 51 Jahre alt und zeigte starke Verwirrungssymptome, die man bisher nur von hochaltrigen Menschen kannte. Dr. Alzheimer wurde auf sie aufmerksam und widmete ihr viel ärztliche Forschung. Nach ihrem Tod 1906 obduzierte er das Gehirn von Auguste Deter und stellte fest, dass ihre Hirnrinde geschrumpft war. Zusätzlich fand er Eiweißablagerungen in und zwischen den Nervenzellen.

1910 wurde die Erkrankung in einem Lehrbuch erstmalig mit dem Namen „Alzheimersche Krankheit" beschrieben. Danach geriet sie in Vergessenheit. Erst seit den 1960er-Jahren wird der Erforschung der Alzheimerkrankheit wieder mehr Aufmerksamkeit gewidmet. Mittlerweile arbeiten weltweit Tausende Wissenschaftler*innen daran, die komplexe Krankheit zu erforschen. Heilen kann man die Krankheit des Vergessens bisher noch nicht.

Tipp 2: Erkennen Sie an, dass eine demenzielle Erkrankung nicht heilbar ist.

Es hört sich schrecklich und defizitär an, aber aufgrund der Abbauprozesse im Gehirn ist eine Heilung nicht möglich. Es ist der bessere Weg, mit der Krankheit Frieden zu schließen und zu akzeptieren, dass sich die kognitiven Veränderungen, wie der Verlust der Merkfähigkeit, der Orientierung oder der Sprache, nicht mehr verbessern können.

Jedoch ist es möglich, dass eine Demenz moderater verlaufen kann. Das bedeutet, dass der Abbauprozess langsamer verläuft und die Erkrankung immer wieder mal eine Pause einlegt. Kommen Sie mit auf diese Reise zu den kognitiven Prozessen des Gehirns!

Wir bleiben beim Krankheitsbild Alzheimer. Stellen Sie sich vor, die Alzheimererkrankung steht sinnbildlich für eine Stecknadel, die immer und immer wieder in die Gehirnmasse, besonders in die Hirnrinde, einsticht und Löcher hinterlässt. Diese Löcher sind für die kognitiven Veränderungen zuständig. Je mehr Löcher in das Gehirn gepikt werden, umso mehr demenzielle Symptome, insbesondere kognitive Veränderungen, zeigt der Mensch.
Er besitzt aber eine geniale Kompensationsmöglichkeit: Durch Lern- und Bewegungserfahrungen sowie positive Emotionen können immer wieder neue Nervenverbindungen und Netzwerke entstehen und so die Löcher umschifft oder mit neuen Nervenverbindungen kompensiert werden. Genial, oder? Bedeutet das, dass ein Mensch mit Demenz, der sich wohl und akzeptiert fühlt und immer wieder neue Lern- und Bewegungserfahrungen machen kann, weniger Demenzsymptome zeigt?
Ja und nein! Die kognitiven Veränderungen werden weiter fortschreiten. Wenn der Mensch mit Demenz sich jedoch dabei akzeptiert fühlt, also positive Emotionen erfahren kann, sozial integriert ist, sich bewegt und kognitive Anreize durch ein moderates Gedächtnistraining bekommt, ist es möglich, dass die Demenzerkrankung langsamer fortschreitet.

Die Menschen mit Demenz durchlaufen die Erkrankung mit einer höheren Lebensqualität.

Tipp 3: Akzeptieren Sie die kognitiven Veränderungen.

Denn durch das Akzeptieren lassen Sie los und lassen den Menschen so sein, wie er ist. Das gibt Ihnen Freiheit und eine größere Leichtigkeit, den Menschen mit seinen kognitiven Veränderungen anzunehmen. Wenn ein Mensch mit Demenz sich angenommen und akzeptiert fühlt, entstehen positive Emotionen.

Tipp 4: Schaffen Sie kognitive Anreize und sorgen Sie für Bewegungsangebote.

Das ermöglicht den Betroffenen mehr Lebensqualität – eine Aussage, die viele weltweite Studien stützen. Bewegungsfördernde Angebote beugen dem „Einrosten" vor! Wenn der*die Betroffene sich regelmäßig bewegt, kann seine*ihre Selbstständigkeit länger erhalten werden. Wir können festhalten:

Es ist von großem Vorteil, wenn sich Menschen mit Demenz akzeptiert fühlen, Wertschätzung bekommen und ihnen stetig moderate kognitive und bewegungsfördernde Angebote ermöglicht werden. So kann einem schnellen und heftigen Verlauf einer Demenz vorgebeugt werden.

Daraus resultiert nun diese Fragestellung: Geht es Menschen mit Demenz, die herausforderndes Verhalten zeigen, vielleicht nicht gut? Fehlt ihnen vielleicht die Akzeptanz, die Wertschätzung oder die Anregung durch kognitive und bewegungsfördernde Angebote? Ich finde dies schwierig zu beantworten. In manchen Fällen muss ich tatsächlich mit einem lauten Ja antworten. Da ist ersichtlich, dass die Betroffenen nur in der Ecke sitzen dürfen, still sein müssen und wenig herzliche Zuwendung erfahren.

In den meisten Fällen ist jedoch nicht klar erkennbar, warum die Menschen mit Demenz herausforderndes Verhalten zeigen, und in diesem Fall steht keinem Menschen eine Wertung über die Sachlage zu.

Tipp 5: Werten Sie nicht zu vorschnell über das herausfordernde Verhalten und suchen Sie bitte keine Schuldigen.

Kommen Sie mit auf eine genauere Betrachtung des herausfordernden Verhaltens! Bei Menschen mit Demenz kann man es in zwei Kategorien einteilen: solches gegenüber sich selbst und solches gegenüber anderen. Berechtigterweise steht Ihnen der Kommentar zu, dass das eine ja manchmal das andere bedingt! Wenn ein Mensch mit Demenz herausforderndes Verhalten sich selbst gegenüber zeigt, dann sind die anderen Menschen im Raum auch herausgefordert. Versuchen wir doch trotzdem, die zwei Punkte voneinander zu trennen.

Herausforderndes Verhalten gegenüber sich selbst

Mit herausforderndem Verhalten gegenüber sich selbst sind alle Handlungen gegenüber der eigenen Person gemeint, die nicht der Norm oder der Etikette entsprechen.

Welche Handlungen zählen dazu?

- motorische Unruhe und Stereotype, wie Nesteln, Kramen, Wischen oder extremes Laufen (Hinlauf-Tendenz)
- Rückzug und Apathie
- selbstverletzendes Verhalten, wie Haut aufkratzen, sich an den Haaren ziehen, Nägel reißen
- verändertes Essverhalten (übermäßiges Essen, Essensverweigerung oder Essen von ungeeigneten Substanzen)
- Angst, Wahn und Halluzination
- erhöhte Tagesmüdigkeit und veränderter Tag-Nacht-Rhythmus

Sicherlich gibt es noch viele weitere Verhaltensauffälligkeiten, die gegen sich selbst gerichtet sind. Diese lassen sich von unserer kognitiv fitten Perspektive aus oft nicht nachvollziehen. Vermutlich fragen Sie sich auch manchmal: „Warum führt dieser Mensch diese Handlung durch? Sie macht einfach keinen Sinn!"

Tipp 6: Suchen Sie keinen kognitiv erklärbaren Sinn in den Handlungen.

Ich behaupte, dass die Menschen sehr wohl einen Nutzen von den Handlungen haben, das möchte ich Ihnen jedoch im weiteren Verlauf erklären. Es ist erst einmal der beste Weg, die Menschen so anzunehmen, wie sie sind, mit dem, was sie tun.

> **Tipp 7:** Lassen Sie den Menschen so stehen und werten Sie nicht über die Handlungen.

Wichtig ist jedoch immer, dass wir bei einem Verhalten, das schädlich für die Person ist, also wenn eine Verletzungsgefahr oder eine Lebensgefährdung besteht, helfen, dieses zu unterlassen. Helfen heißt aber nicht unterbinden, sondern Verhalten kompensieren.

> **Tipp 8:** Unterbinden Sie kein Verhalten, sondern kompensieren Sie es.

Das bedeutet, dass Sie das Verhalten genau beobachten und es methodisch, auf die Biografie abgestimmt, umlenken.
Ein Fallbeispiel möchte diese Aussage untermauern:

Herr K. lebt in einem Seniorenheim. Vor seiner Alzheimer-Diagnose war er Maler und Lackierer und hat sich im Laufe seiner beruflichen Karriere auf das Verputzen von Hausfassaden spezialisiert.
Im Seniorenheim lief er zunächst oft im Wohnbereich herum, strich mit seinen Händen über alle Wände und tätigte Putz-

und Wischbewegungen. Alle Mitarbeiter*innen und Bewohner*innen waren genervt, da diese Handlungen von Herrn K. dauerhaft durchgeführt wurden und ein ruhiges Sitzen am Platz, geschweige denn ein Sitzenbleiben während der Mahlzeiten nicht möglich war.
Eine negative Dynamik entstand, alle Beteiligten im Raum waren chronisch genervt von Herrn K.s Handlungen und er wurde von den anderen Bewohner*innen keinesfalls akzeptiert. Hinzu kam, dass die Haut von Herrn K.s Händen aufplatzte und er trotz Schmerzen nicht mit seinen Wischbewegungen aufhören konnte.
Eine Betreuungskraft kam auf die Idee, Herrn K. ein großes Tablett mit Bodylotion auf seinen Platz zu stellen. Sie motivierte ihn, darin zu wischen und zu arbeiten. Herr K. nahm dieses Angebot gerne an und reduzierte so die Wischerei an Wänden.
Alle Beteiligten atmeten auf, da die Atmosphäre im Wohnbereich deutlich ruhiger und entspannter wurde.

Anhand des Fallbeispiels von Herrn K. können Sie entdecken, wie wertvoll es ist, Verhalten nicht einfach zu unterbinden, sondern zu kompensieren. Es zeigt, wie wichtig es ist, dass wir Verantwortung für die Betroffenen übernehmen, ihnen aber nicht vorschreiben, was richtig und was falsch ist, oder Handlungen aus unserer Sicht bewerten.

Tipp 9: Übernehmen Sie Verantwortung für die Handlungen, ohne sie zu bewerten.

Herausforderndes Verhalten gegenüber anderen

Widmen wir uns nun der anderen Form herausfordernden Verhaltens, und zwar dem gegenüber anderen. Gemeint sind alle Handlungen des Menschen mit Demenz, die grundlegend als unangemessen und störend empfunden werden oder bei denen der Mensch mit Demenz andere Personen sogar bedroht bzw. in Gefahr bringt:

- allgemein unangepasstes, grenzüberschreitendes Verhalten gegenüber anderen (sexuelle Grenzüberschreitung, Klammern und Nicht-mehr-Loslassen, Eintreten in fremde Räume, Urinieren in Räumen)
- verbale Aggressivität mit Beschimpfungen, Verleumdungen
- körperliche Aggressivität durch verletzendes Verhalten, wie Schlagen, Beißen, Kratzen, Spucken
- Schreien, Rufen, ständiges Lautieren

Bestimmt gibt es noch weitere herausfordernde Verhaltensweisen, die gegenüber anderen Menschen gezeigt werden. Die meisten sind nicht unbedingt als harmonisch oder angenehm für das Gegenüber zu beschreiben.

Im Umgang mit ihnen gibt es einen Leitsatz: Schützen Sie sich selbst, indem Sie den*die andere*n schützen. Diese Handlungsweise hat etwas mit Respekt und Wertschätzung zu tun. Achten Sie Ihre Grenzen, sorgen Sie aber bitte auch für den Menschen mit Demenz wie für sich.

Tipp 10: Sorgen Sie für sich und schützen Sie sich – genauso aber auch den Menschen mit Demenz.

Menschen mit Demenz verhalten sich nicht herausfordernd anderen gegenüber, weil sie ihnen bewusst schaden, sie kränken oder verletzen wollen. Sie tun es oft, weil sie Situationen nicht mehr realistisch einschätzen können, sich bedroht oder unwohl fühlen. Menschen mit Demenz fangen irgendwann an, die Realität nach ihren Maßstäben einzuschätzen, und können oft nicht mehr gesteuert reagieren oder handeln. Die Bewertung ändert sich. Es gibt nur noch ein Gut oder ein Schlecht, die Maßstäbe der Bewertung bestimmt der Mensch jedoch situativ und individuell.

Der Transfer zur anderen Person ist nur noch bedingt möglich. Der Mensch ist nach wie vor empathisch, kann Emotionen des*der anderen wahrnehmen, kann jedoch seine eigenen Handlungen nicht mehr steuern oder anpassen. Wenn Angst, Wut oder Ärger als Emotion bei dem*der Betroffenen vorherrscht, kann keine angepasste Reaktion oder Kontrolle darüber erlangt werden. Diese Gefühle bekommt dann das Umfeld ungebremst zu spüren.

Ich möchte aber nochmals betonen, dass der Mensch mit Demenz dies nicht mit Absicht tut, sondern dass sein Gehirnareal der Emotionskontrolle, Emotionssteuerung und der Bewertung durch die demenziellen Prozesse verändert oder lahmgelegt ist.

Tipp 11: Beziehen Sie fremdaggressive Handlungen bitte nicht auf sich. Der Mensch mit Demenz hat die Kontrolle, Steuerung und Bewertung verloren.

Handeln Sie primär nach dem Prinzip, dass der*die Betroffene Ihnen nicht schaden möchte und für seine*ihre Handlungen nichts kann.

Tipp 12: Lassen Sie den Menschen mit Demenz mit seinem herausfordernden Verhalten nicht allein. Halten Sie mit aus.

Sie können sich steuern und regulieren – der*die Betroffene nicht mehr. Sitzen Sie die Situation gemeinsam mit dem Menschen aus und lassen Sie ihn nicht allein und in seiner Emotion stecken. Der Mensch mit Demenz kann sich selbst nicht mehr helfen.
Neben dieser Methode des Aushaltens gibt es noch eine weitere: und zwar die, den*die Betroffene*n abzulenken und ihm*ihr einen Ausweg zu bieten.

Tipp 13: Lenken Sie ab und bieten Sie einen Ausweg an.

Leichter gesagt als getan! Nicht immer gelingt dieser Weg, aber er ist eine gute Alternative zum gemeinsamen Aushalten, wenn einem selbst die Kraft fehlt. Nur Alleinlassen ist nicht der richtige Weg.

Frau A. läuft schreiend über den Flur: *„Ich mach alles kaputt, ich schlag alles klein, lasst mich durch!"* Sie schlägt um sich und wirkt dabei sehr verzweifelt.
Frau A. ist Mutter von vielen Kindern und es liegt die Vermutung nahe, dass sie nicht versteht, dass sie nicht bei ihren Kindern sein kann. Sie kann dies aber nicht mehr verbalisieren und empfindet nur noch blanke Wut und Angst.

Zwingen Sie Frau A. nicht, mit ihren Beschimpfungen aufzuhören, sondern lenken Sie sie ab, indem Sie zu ihr sagen: „Sie sind eine ganz tolle Frau, Sie haben immer alles im Blick! Könnten Sie mir hier mal helfen? Ich weiß, dass Sie das gut können …"
Was kann dadurch passieren? Frau A. könnte sich durch die Bestätigung und das Handlungsangebot ablenken lassen und ein positiveres Gefühl entwickeln.

Tipp 14: Begegnen Sie Menschen mit herausforderndem Verhalten wertschätzend und mit dem nötigen Respekt.

Wenn Menschen mit Demenz in negativen Gefühlen gefangen sind und dann gemaßregelt oder „geschimpft" werden, drehen sie sich nur weiter in die „Emotionsspirale" hinein und finden keinen Ausweg.

Ich selbst kenne aber auch Situationen, in denen ich einfach kein Verständnis für den Menschen mit Demenz aufbringen konnte, da er mich so herausgefordert hat. In einem Frühdienst wurde ich von einem Mann in den Arm gebissen, da ich ihn freundlich, aber bestimmt gebeten hatte, die Finger von mir zu nehmen und mir nicht an meine Brust zu fassen. Der Herr hat sich über meine verbale Abgrenzung wahrscheinlich so geärgert, dass er nicht anders reagieren konnte, als mich zu beißen. Sein Kontrollzentrum war durch den demenziellen Prozess zerstört. Für mich persönlich war die Situation jedoch so grenzüberschreitend und gefährlich, dass ich mich zurückziehen musste und mir eine Pause gönnte. Was mir hierbei wichtig ist, zu erwähnen: Achten Sie bitte stets auch auf Ihre Grenzen.

Tipp 15: Nehmen Sie Ihre eigenen Bedürfnisse wahr und achten Sie auf sich.

Ich habe sofort eine Kollegin geholt, ihr die Situation geschildert und sie gebeten, mich zu vertreten. So bin ich ganz bewusst aus dieser Situation herausgegangen, habe für mich selbst gesorgt, habe den Betroffenen aber nicht allein gelassen.

Tipp 16: Achten Sie auf Ihre Belastungsgrenze und holen Sie sich bei Bedarf Hilfe.

Nach diesem Vorfall habe ich lange gebraucht, um wieder eine vertrauensvolle, professionelle Beziehung zu dem Herrn aufzubauen. Es ist mir auch nur geglückt, da mein Team mir ermöglicht hat, erst einmal in die Distanz zu ihm zu gehen. Es hat mir den Rücken freigehalten, sodass ich möglichst wenige Berührungspunkte mit ihm haben musste. Mit dem nötigen Abstand habe ich es wieder geschafft, mich ihm zu nähern und einen normalen Umgang mit ihm zu pflegen.

VERÄNDERUNGEN IN DER WAHRNEHMUNG BEI MENSCHEN MIT DEMENZ

Ich nehme ständig etwas wahr – überall Reize

Dieses Kapitel möchte Ihnen einen Einblick geben, wie die menschliche Wahrnehmung aufgebaut ist und wie sie sich durch eine Demenz verändern kann.

Wir alle haben Sinnesorgane, die uns ermöglichen, Reize von der Außenwelt aufzunehmen. Das sind unsere Ohren, Augen, unsere Nase, unser Mund mit der Zunge, unsere Haut, das Gleichgewichtsorgan, die Muskeln und Sehnen. Von dort aus werden die Reize oder Informationen durch Nervenverbindungen an die dazugehörigen Gehirnareale geleitet.

Wenn die Reize dort angekommen sind, werden sie verarbeitet, indem der Reiz erkannt, unterschieden und dann mit bisher gesammelten Erfahrungen verglichen wird. Dieser Vorgang läuft unwillkürlich und dauerhaft ab. Wir nehmen ständig wahr – unbewusst und unaufhaltsam.

Stellen Sie sich vor, Sie laufen barfuß über eine Blumenwiese. Die Sonne scheint und Sie fühlen sich pudelwohl. Welche Arbeit unsere Wahrnehmung in diesem Moment leistet, ist uns nicht immer bewusst. Nur ein Beispiel: Unsere Füße nehmen durch die Fußsohlen, also die Haut, die Oberflächenbeschaffenheit der Wiese (Reiz) wahr. Die Haut leitet diesen Reiz direkt an das Fühlzentrum im Gehirn und Sie erkennen und spüren Unebenheiten oder die Feuchtigkeit der Wiese und verknüpfen diese Situation mit einer früheren Erfahrung, als Sie schon einmal barfuß über eine Wiese gelaufen sind.

Diese Grafik fasst den menschlichen Prozess der Wahrnehmung zusammen:

Reiz trifft auf das Sinnesorgan

↓

Sinnesorgan nimmt den Reiz auf

↓

Sinnesorgan leitet den Reiz an das dazugehörige Gehirnareal

↓

Gehirnareal verarbeitet den Reiz

↓

bewusste Wahrnehmung des Reizes

Und welche menschlichen Wahrnehmungsmöglichkeiten oder Wahrnehmungskanäle gibt es?

- Sehen (Sehreiz → Auge → Sehen eines Bildes)
- Hören (Hörreiz → Ohr → Erkennen des Geräuschs)
- Riechen (Riechreiz → Nase → Erkennen des Geruchs)
- Schmecken (Geschmacksreiz → Geschmackspapillen der Zunge → Erkennen des Geschmacks)

- **orale Wahrnehmung** (Berührungsreiz → Lippen, Gaumen, Zunge → Spüren der Berührung)
- **Gleichgewichtswahrnehmung** (Bewegen des Kopfes → Innenohr → Erkennen der Körperposition, wie schnell wir uns bewegen, ob wir beschleunigen oder abbremsen)
- **Fühlen** (aktiver Fühlreiz → Finger → Erkennen der Oberflächenbeschaffenheit oder Form eines Gegenstands, gleichzeitig Formung eines inneren Bildes eines Gegenstands, wenn dieser Vorgang blind durchgeführt wird)
- **Spüren** (Spürreiz durch Berührung anderer → Haut → Erkennen der Berührung)
- **Tiefenwahrnehmung** (Bewegungsreiz bei Druck/ Zug auf die Gelenke → Erkennen der Stellung der Glieder im Raum; Erkennen der Bewegung)
- **Vibration** (Schwingungen → Knochen → Erkennen von Vibration, z. B. durch den Rasierapparat)

Jetzt haben Sie ein vielschichtiges Bild von der gesunden menschlichen Wahrnehmung bekommen. Im Fall einer Demenz liegt der Verdacht nahe, dass die Wahrnehmung reduziert oder verändert ablaufen könnte. Dieser Verdacht wird sich erhärten, wenn Sie die folgenden Zeilen weiterlesen.

> **Tipp 17:** Beachten Sie, dass die Wahrnehmung bei Menschen mit Demenz reduziert und verändert ist.

Wie wir wissen, wird im Fall einer Demenz Gehirngewebe zerstört. Denken Sie an das Sinnbild der Stecknadel, dort wird immer wieder in das Gehirngewebe gestochen, Löcher entstehen, die Gehirnmasse wird kleiner und geht kaputt. Wenn die Wahrnehmung aber abhängig von Verarbeitungsprozessen im Gehirn ist (Erkennen, Unterscheiden und Vergleichen von gesammelten Erfahrungen) und es ohne diese Prozesse zu keinem Ergebnis kommt, läuft die Wahrnehmung reduziert und verändert ab.

Schauen wir noch einmal zurück zu den unterschiedlichen Wahrnehmungsmöglichkeiten oder -kanälen und vergleichen, wie sich die Funktion durch eine Demenz verändern kann. Die im Folgenden geschilderten Einschränkungen können Angst und Unbehagen auslösen. Wie Sie wissen, kommen bei einer Demenzerkrankung noch sprachliche Schwierigkeiten hinzu. Was müssen die Betroffenen für ein Gefühl in sich tragen, wenn die Welt anders aussieht und dieser veränderte Zustand nicht kommuniziert werden kann! Aus Angst und Unbehagen kann Ärger und Wut wachsen – eine negative Emotionsspirale – und die Reaktion darauf könnte herausforderndes Verhalten sein!

Ich sehe anders

Wenn wir Menschen mit Demenz ganz genau betrachten, fällt uns vielleicht auf, dass sie sich anders bewegen oder auf Sehreize anders regieren. Das könnte damit zusammenhängen, dass die Verarbeitung des Sehens durch demenzielle Prozesse verändert ist. Das Gehirnareal wurde angegriffen und so kann der*die Betroffene eine veränderte Sehwahrnehmung haben. Selbstverständlich kommt meist eine Sehverschlechterung aufgrund des Alters hinzu, aber wir werden nur den Wahrnehmungsprozess beleuchten.
Durch neueste Forschungen wissen wir, dass Menschen mit Demenz ein eingeschränktes Sichtfeld oder einen Tunnelblick haben, also der Bildausschnitt kann deutlich verkleinert sein. Das bedeutet, dass die Betroffenen weniger sehen, was in ihrem Umfeld passiert. Das Einnehmen von Mahlzeiten kann schwieriger umgesetzt werden, da das Essen vielleicht nicht unmittelbar im Sichtfeld steht.

> **Tipp 18:** Beachten Sie das mögliche eingeschränkte Sichtfeld oder den Tunnelblick und stellen Sie Gegenstände zum besseren Greifen in das Sichtfeld.

In diesem Zusammenhang ist auch zu erwähnen, wie schnell oder von welcher Position wir uns als Mitarbeiter*innen oder Angehörige den Betroffenen nähern. Stellen Sie sich vor, wie Sie sich fühlen würden, wenn Sie nur die Hälfte Ihres Sichtfeldes zur Verfügung hätten. Wie plötzlich käme jemand auf

Sie zu, wenn Sie ihn nicht schon von Weitem aus dem Augenwinkel entdecken könnten.

> Tipp 19: Nähern Sie sich dem Menschen mit Demenz langsam und in dem Wissen, dass er Sie erst verspätet sehen kann, da das Sichtfeld eingeschränkt ist.

Zudem wurde festgestellt, dass Menschen mit Demenz teilweise die Fähigkeit verloren haben, dreidimensional zu sehen. Das bedeutet, dass das Gesehene nicht in der Tiefe wahrgenommen werden kann und so Größenverhältnisse oder Abstände schwer zuzuordnen sind.

Vielleicht haben Sie schon einmal einen Menschen mit Demenz gesehen, der in den Raum gegriffen hat, offensichtlich nach etwas in der Ferne greifen wollte, aber unmöglich aus der bestehenden Position daran heranreichen konnte – dies ist der klassische Fall eines 3-D-Verlusts beim Sehen.

> Tipp 20: Bedenken Sie, dass das 3-D-Sehen eingeschränkt sein kann, und achten Sie besonders beim Transfer oder beim Laufen darauf, dass Abstände unterschätzt werden können. Vorsicht, Sturzgefahr!

Ebenso liegt der Verdacht nahe, dass Menschen mit Demenz im Laufe ihrer Erkrankung eine Sehverschlechterung erleben und verschwommen sehen. Dadurch kann z. B. ein gefülltes

Wasserglas nicht mehr wahrgenommen oder das Essen verkannt werden. Dieses Symptom hat seine Ursache aber im Gehirn und weniger in der Verschlechterung oder Eintrübung einer Linse.

Tipp 21: Achten Sie auf Kontraste.

Achten Sie darauf, dass sich Mahlzeiten farblich vom Teller absetzen, Getränke in einem durchsichtigen Wasserglas farbig sind oder dass sich Gegenstände, die Sie zum Aktivieren benutzen, klar farblich von der Umwelt differenzieren.

Ich höre anders

Ähnlich wie bei der Wahrnehmung des Sehens kann sich auch die Wahrnehmung des Hörens aufgrund einer demenziellen Erkrankung verändern. Auch hier kommt erschwerend dazu, dass hochaltrige Menschen schlechter hören, da die Hörleistung im Alter generell nachlassen kann. Das wiederum ist nicht gemeint, sondern vielmehr die Wahrnehmung des Hörens.

Ein Symptom oder eine Funktionseinschränkung der hörenden Wahrnehmung bei Menschen mit Demenz kann ähnlich wie in der Wahrnehmung des Sehens ein Verlust des dreidimensionalen Hörens sein. Dieses Phänomen kann ganz einfach erklärt werden: Die Betroffenen können keine Abstände mehr erhören, d. h., sie können keine Distanzen von Geräuschquellen im Raum wahrnehmen. Alle Geräusche im Raum können sich so anhören, dass sie unmittelbar bei dem*der Betroffenen entstehen. Ein Mensch mit Demenz kann vielleicht nicht mehr lokalisieren, ob sich die Geräuschquelle vor, hinter, neben ihm, nah bei ihm oder weit von ihm entfernt befindet.
Blicken wir auf die Mittagessensituation in einer Senioreneinrichtung! Viele Menschen sind in einem Raum, viele Gespräche, Radiomusik, Geschirrklappern, Telefonklingeln.

Tipp 22: Vermeiden Sie eine akustische Reizüberflutung und verzichten Sie in Gemeinschaftsräumen auf unnötige Geräuschquellen, wie Fernseher- oder Radiobeschallung.

Immer wieder beobachte ich, dass Menschen mit Demenz auch in Ruhezeiten Geräuschquellen, wie Fernsehen, Musik oder Radio, in Dauerberieselung ausgesetzt sind.
Überlegen Sie: Wie fühlt es sich für Sie an, wenn Sie alle Geräusche, die in einem Raum produziert werden, in Ihrer unmittelbaren Nähe empfinden – und Sie dazu noch keine Abstände mehr durch das Sehen erkennen können? Also, alles, was sich im Raum abspielt, alle Geräusche und Seheindrücke, empfinden Sie als in Ihrem Greifradius befindlich, in Ihrer unmittelbaren Nähe! Wie geht es Ihnen damit?

Tipp 23: Bieten Sie Fernsehen, Musik und Radio nur wohldosiert bei Ruhe an.

15–25 Minuten am Stück sind genug; der Körper muss sich ohne Dauerbeschallung ausruhen können. Ein Beispiel aus der Praxis:

Frau G. ist schwerstpflegebedürftig im letzten Stadium der Demenz und lebt in einem Seniorenheim. Sie liegt bis auf eine Stunde am Tag im Bett und ist komplett auf Hilfe angewiesen. In der einen Stunde außerhalb des Bettes wird sie in einen Pflegerollstuhl transferiert und in den Gemeinschaftsraum geschoben. Da sitzt sie im Kreise der Mitbewohner*innen, oft hat sie die Augen zu und schläft.
Danach wird sie wieder in ihr Zimmer geschoben und in ihrem Bett gelagert. Die Pflegekraft meint es gut mit ihr und stellt den Fernseher an. Es läuft gerade eine Kochsendung. Die

Pflegekraft verlässt das Zimmer mit dem Wissen, der Dame noch etwas Gutes gegen die Langeweile gegeben zu haben. Was für die Pflegekraft nicht ersichtlich ist: Die Kochsendung endet alsbald und eine Real-Life-Reportage über Kriminalität in Großstädten folgt.
Frau G. gerät während dieser Reportage ganz außer sich. Sie fängt an, sich ihr Nachthemd zu zerreißen, und kratzt sich am Hals, bis sie blutet. Nach einer Stunde kommt erneut eine Pflegekraft in ihr Zimmer und erschrickt sehr über den Zustand von Frau G. Mittlerweile hat der Sender wieder eine neue Sendung eingespielt: eine Hochzeitsreportage.
Niemand kann sich das Verhalten von Frau G. erklären.

Was wird aus diesem Fallbeispiel ersichtlich? Frau G. wurde einer so massiven Reizüberflutung ausgesetzt, dass sie das Gehörte nicht mehr filtern konnte. Sie konnte nicht lokalisieren, dass es aus dem Fernseher kam und nicht real war. So zeigte sie herausforderndes Verhalten! Vielleicht hatte sie Angst, fühlte sich bedroht?

Tipp 24: Bitte achten Sie auch auf die Qualität der Radio- oder Fernsehsendungen. Gehörtes kann als real empfunden werden und Ängste auslösen.

Ich rieche und schmecke anders

Riechen und schmecken sind zwei Wahrnehmungskanäle, die eng miteinander verbunden sind. Beim Essen benutzt ein gesunder Mensch beide Wahrnehmungskanäle, zuerst das Riechen des Essens. Dabei wird der Appetit angeregt und man bekommt Lust auf das Essen. Hirnorganisch passiert auch ein Prozess, der die Verdauung einleitet. Danach folgt die Wahrnehmung des Schmeckens, wenn der Geschmack durch die Geschmackspapillen wahrgenommen wird.

Wenn nun eine Demenz diese Wahrnehmungsverarbeitung stört, kann die Verkettung der Wahrnehmung der Riech- und Geschmackserlebnisse gestört sein.

Bei Gehirnobduktionen von Menschen mit Demenz wurde deutlich, dass das Riechzentrum, das Geruchswahrnehmungen verarbeitet, fast komplett zerstört war. Das bedeutet, die Betroffenen konnten gar keine Riecherfahrungen mehr machen, sie konnten keinen leckeren Essensduft mehr erriechen und dementsprechend konnte ihnen nicht mehr „das Wasser im Mund zusammenlaufen".

Tipp 25: Fragen Sie die Betroffenen lieber nicht, ob das Essen gut riecht – sie können es häufig nicht mehr riechen.

Vielleicht reagiert ein Mensch mit Demenz auf diese Frage ungehalten. Es ist doch schade und ärgerlich, wenn Geruchsqualitäten nicht mehr errochen werden können. Dazu kommt

ja bei einer Demenz nicht selten die Schwierigkeit, Gedanken in Worte zu fassen und Emotionen zu filtern und anzupassen. Eine verärgerte Reaktion auf Fragen ist daher möglich.
Noch erschwerend kann die Veränderung der Geschmackswahrnehmung hinzukommen. Sie kennen die vier Geschmacksqualitäten: bitter, sauer, salzig und süß. Menschen mit Demenz empfinden bitter und sauer in der Regel als sehr unangenehm. Aufgrund von Untersuchungen an Funden unserer Vorfahren aus der Steinzeit können wir ableiten, dass bittere und saure Nahrungsmittel eine Gefahr darstellten: Sie waren verdorben oder giftig. Diese Geschmacksqualitäten ergaben bei einer Überprüfung von Nahrungsmitteln, ob diese für den Menschen verträglich sind.

Die Gehirne von Menschen mit Demenz werden im Laufe der Erkrankung bekanntlich so zerstört, dass die Betroffenen sich auf ursprüngliche und lang erlernte Instinkte aus ihrem Hirnstamm verlassen müssen. Deshalb könnte ein Mensch mit Demenz auf bittere oder saure Nahrungsmittel mit Ausspucken des Essens, mit ärgerlichen Worten oder Verängstigung reagieren.

Tipp 26: Verzichten Sie bei Menschen mit Demenz auf bittere oder saure Nahrungsmittel.

Haben Sie auch schon die Erfahrung gemacht, dass Menschen mit Demenz das Mittagessen kräftig nachsalzen wollen oder versuchen, mit Maggi & Co. mehr Geschmack in das Essen zu bekommen? Dann haben Sie einen Menschen mit Demenz vor sich, der von einer veränderten Geschmackswahrnehmung betroffen ist und die Geschmacksqualität salzig nicht mehr ausreichend schmecken kann, da das Geschmackszentrum diesen Reiz durch die Demenz nicht mehr genügend verarbeiten kann.

Tipp 27: Ermöglichen Sie dem*der Betroffenen einen individuell angenehmen Salzgenuss.

Rein medizinisch gesehen, wissen wir, dass der übermäßige Konsum von Salz für den Körper ungesund ist. Ein hochbetagter Mensch mit Demenz, der sich aufgrund einer veränderten Salzwahrnehmung zu viel Salz ins Essen streut, wird davon nicht sterben. Der Essgenuss und das Wohlbefinden können dadurch jedoch gesteigert sein.

Mögen Sie auch gerne süße Nahrungsmittel? Fühlen Sie sich durch den Genuss von Schokolade, Kuchen und Pudding auch gut und befriedigt, wenn wir nur auf den Körper hören und diesen Genuss nicht kognitiv bewerten? Sobald ein Mensch Zucker konsumiert, werden Signale ins Gehirn geleitet, die eine erhöhte Ausschüttung von Dopamin – auch als Glückshormon bekannt – bewirken, und der Mensch fühlt sich gut und wohl. Menschen mit Demenz fehlt aufgrund der hirnorganischen Abbauprozesse die Bewertung, ob süße, zuckerhaltige Nahrungsmittel gut für Körper und Gesundheit sind. Deshalb stellt dieser süße Genuss für sie primär ein wohliges, positives Gefühl dar. Nun ist guter Rat teuer, wenn Menschen mit Demenz nur noch süße Nahrungsmittel konsumieren wollen und andere Geschmacksrichtungen verweigern!

Tipp 28: Reichen Sie gesunde Nahrungsmittel, wie Gemüse, gesüßt mit gesunden Zuckeralternativen, wie z. B. Reissirup.

Sie könnten jetzt fragen: „Bitte, was? Ich soll auf die Kartoffeln Zucker streuen?" Probieren Sie es aus!

Herr T. verweigert täglich sein Mittagessen, wenn die Geschmacksqualität nicht süß ist. Kartoffeln, Gemüse und Fleisch spuckt er nach dem ersten Bissen quer über den Tisch, sehr zum Entsetzen seiner Mitbewohner*innen am gemeinsamen Mittagstisch.
Die Betreuungskraft gibt ganz dezent Reissirup über das salzige Mittagessen und Herr T. isst es ohne Ausspucken und Murren auf.

Dieses Beispiel zeigt uns, dass es nicht immer um die Nahrung, also um das Gericht geht, sondern ein Essgenuss oft mehr von der Geschmacksqualität süß abhängt, die von fast allen Menschen mit Demenz stets favorisiert wird.

Woher kommt das? Einmal haben wir bereits festgestellt, dass der Konsum süßer Nahrungsmittel unbewertet schön und gut ist. Zum anderen möchte ich Sie in den Gedanken mitnehmen, was für erste Geschmackserfahrungen Menschen in ihrem

Leben gemacht haben, nämlich süße! Fruchtwasser im Mutterleib und Muttermilch sind süß!

Also können wir festhalten: Der süße Geschmack ist etwas sehr Vertrautes und unser erstes kindliches Geschmackserlebnis. Der Geschmack von Süßem gibt Sicherheit.

> **Tipp 29:** Geben Sie den Betroffenen in unruhigen und unsicheren Situationen eine kleine Portion süße Nahrungsmittel, wie ein kleines Stückchen Schokolade.

Auch hier gilt es, eine vernünftige Dosis und einen vernünftigen Umgang mit „Schokohäppchen" einzuhalten. Wenn dieser Genuss dem*der Betroffenen in einer emotional unsicheren Situation ein klein bisschen Ruhe und Sicherheit bietet, ist diese Wahl gewiss besser als Beruhigungsmittel.

Ich fühle meinen Körper anders

Wischen, Nesteln, Kramen, Fingerdrehen & Co. sind typische Verhaltensweisen für Menschen mit Demenz, die sich so selbst stimulieren wollen, weil sie möglicherweise eine nachlassende Fühlwahrnehmung haben. Sie können Gegenstände oder Oberflächen nicht mehr ausreichend erspüren. Dabei ist die Verarbeitung der Fühlqualitäten im Gehirn kaputt.

Das könnte eine Erklärung dafür sein, dass viele Menschen mit Demenz sich mit Fühlreizen unterversorgt fühlen und sich diese dann auf einem anderen Weg suchen: in Wisch-, Nestel-, Kram- oder Drehbewegungen – hauptsächlich mit den Händen – also in motorischer Unruhe, die wiederum als herausforderndes Verhalten interpretiert werden kann. Diese motorische Unruhe kann teilweise einem Zwangsverhalten gleichen, das den*die Betroffene*n selbst schädigen kann und für die Umwelt oft einer Herausforderung gleicht. In diesem Fall sprechen wir von „stereotypen Verhaltensweisen".

Tipp 30: Kompensieren Sie die stereotypen Verhaltensweisen, indem Sie den Betroffenen Alternativen bieten.

Schauen Sie immer genau, welche stereotype Verhaltensweise der*die Betroffene zeigt. Ist sie auf die Hände durch Nesteln, Kramen, Wischen bezogen, dann:

Tipp 31: Reichen Sie Menschen mit Demenz viele Fühlreize in Form von Nesteldecken, Kramtaschen, Fühlschnüren & Co.

Wenn sich das herausfordernde Verhalten nicht nur auf die Hände beschränkt, sondern den ganzen Körper betrifft, ist leider die Tiefenwahrnehmung durch die Demenz in Mitleidenschaft gezogen worden. Wir erkennen bei den Menschen stereotype Verhaltensweisen wie: nicht enden wollendes Laufen, dauerhaftes Aufstehen und Sich-wieder-Hinsetzen, Rücken schwerer Möbel, Klopfen auf Tische oder Ziehen an Gegenständen. Die Palette ist breit, bestimmt kennen Sie weitere Verhaltensweisen.

Warum führen die Betroffenen diese Verhaltensweisen durch? Welcher Nutzen steht für sie dahinter?

Wenn die Tiefenwahrnehmung durch die demenziellen Abbauprozesse zerstört wurde, spüren sich die Betroffenen deutlich weniger selbst. Sie können nicht mehr einordnen, in welcher Körperposition sie sich befinden. Sie haben das Gefühl für ihren Körper verloren.

Kennen Sie Menschen mit Demenz, die auf den Stühlen vor- oder zurückgebeugt sitzen oder Extremitäten aus dem Bett hängen haben? Die Menschen können ihren Körper in Ruhe und ohne Bewegung nicht mehr spüren. Um ihren Körper wieder erleben zu können, gehen viele Menschen mit Demenz auf eine Spürsuche nach Reizen und bedienen sich dabei teilweise der oben aufgelisteten Verhaltensweisen. Alle haben ein Ziel: dem eigenen Körper durch Bewegung in den Gelenken und Muskeln Zug und Druck zu geben, um sich wieder selbst zu spüren.

> **Tipp 32:** Versorgen Sie körperlich unruhige Menschen mit Demenz, die den Drang haben, immer wieder aufzustehen, mit schweren Gegenständen, wie Decken und Kissen, um ihnen extern Druck und Zug auf die Gelenke und Muskeln zu geben.

Manche Menschen mit Demenz klopfen immer wieder mit den Fäusten auf den Tisch oder trommeln auf Armlehnen. Wieder könnten Sie das gezeigte stereotype Verhalten kompensieren und den Betroffenen eine Alternative geben, die den gleichen Nutzen für sie hat, sich aber für die Umwelt deutlich angenehmer gestaltet und für den*die Betroffene*n verträglicher ist, da sich die Menschen nicht verletzen können.

> **Tipp 33:** Geben Sie Betroffenen, die immer wieder auf den Tisch klopfen, Vibrationsgeräte in die Hände.

Vibrationsgeräte geben dieselben Schwingungen ab, die die Betroffenen durch Klopfen erzeugen wollen.

Menschen mit Demenz, besonders im letzten Stadium, geben manchmal Töne von sich, sie lautieren und schreien zum Teil. Das könnte passieren, wenn die Funktion der Sprache durch die Demenz zum Stillstand gekommen ist und die Betroffenen keine andere Möglichkeit zur Kommunikation mehr haben. In diesem Fall könnte ein ähnliches Handling wie bei der stereotypen Verhaltensweise „Klopfen" helfen.

Tipp 34: Bieten Sie eine Massage der Lippen durch eine elektrische Zahnbürste oder einen kleinen Gesichtsvibrator an.

Nicht jede*r Betroffene lässt es zu, dass an seinem*ihrem Mund als sehr intimer Zone gearbeitet wird. Falls das der Fall ist, gibt es eine zweite Möglichkeit der Kompensierung:

Tipp 35: Legen Sie einen Vibrationsschlauch auf den Brustkorb.

Schreien ist Vibration durch die Stimmbänder. Diese vibratorischen Schwingungen breiten sich im gesamten Brust- und Kopfraum aus. Massageschlauch oder elektrische Zahnbürste haben die gleiche Wirkung. Und noch ein Tipp:

Tipp 36: Kompensieren Sie eine Hinlauf-Tendenz durch Schunkel- und Wiegebewegungen im Stehen wie, z. B. Walzertanzen.

Beschäftigung und Betätigung gegen die Langeweile

Ich bin unterfordert und mir ist langweilig

Stellen Sie sich vor, Sie wohnen in einem Seniorenheim und erleben jeden Tag den gleichen Ablauf: Aufstehen, Grundpflege, Frühstück, eventuell Beschäftigungsangebote, Mittagessen, Mittagsschläfchen, Kaffeetrinken, eventuell Beschäftigungsangebote, Abendessen und dann Nachtruhe – viele sich wiederholende Bausteine im Tagesablauf.
Heutzutage wird den Senior*innen in den Altenpflegeeinrichtungen von den Betreuungs- und Pflegekräften viel geboten, damit möglichst keine Langeweile aufkommt. Auch wenn Menschen mit Demenz im häuslichen Kontext leben, haben sie ähnliche Tagesinhalte. Vielleicht gibt es auch einen Besuch in der Tagespflege oder der ambulante Pflege- oder Betreuungsdienst kommt in die Häuslichkeit und führt Pflege- oder Betreuungsleistungen durch.
Trotz all dieser Bemühungen von Personal und Angehörigen, trotz bestmöglicher Betreuungs- und Pflegeleistungen kommt es bei Menschen mit Demenz zu herausforderndem Verhalten. Ich möchte Sie auf den Weg zu einem weiteren Erklärungsversuch mitnehmen.

Wie schon mehrfach erwähnt, verändern sich die kognitiven Funktionen bei Menschen mit Demenz, und zwar zuerst das Kurzzeit-, danach das Langzeitgedächtnis. Beide Einbußen können herausforderndes Verhalten begünstigen.
Zunächst beleuchten wir das **Kurzzeitgedächtnis**. Es kann Gedächtnisinhalte für eine kurze Zeit speichern und gibt

diese dann an das Arbeitsgedächtnis weiter. Dort wird bewertet, ob diese Gedächtnisinhalte wichtig oder unwichtig sind. Wenn das Arbeitsgedächtnis entschieden hat, dass die Gedächtnisinhalte wichtig sind, werden sie in das Langzeitgedächtnis transportiert und dauerhaft abgespeichert. Wenn die Demenz nun das Kurzzeitgedächtnis angegriffen hat, nimmt dieses die Gedächtnisinhalte zwar auf, jedoch ist der zeitliche Rahmen, in dem sie im Kurzzeitgedächtnis verweilen, deutlich verkürzt. Das Kurzzeitgedächtnis übergibt die Gedächtnisinhalte zwar weiter an das Arbeitsgedächtnis, aber auch dessen Funktion ist gestört und die Bewertung des Gedächtnisinhalts kaputt. Dementsprechend können keine wichtigen Gedächtnisinhalte mehr im Langzeitgedächtnis abgespeichert werden und geraten so in Vergessenheit. Das hat zur Folge, dass Menschen sich bereits im Anfangsstadium einer Demenz nur kurzzeitig an aktuelle Gedächtnisinhalte erinnern können, bevor diese verblassen.

Im Fall einer Kurzzeitgedächtnisstörung ist es möglich, dass die Betroffenen sich nicht mehr an begonnene Tätigkeiten, die Mahlzeit, den Toilettengang oder das Mittagsschläfchen erinnern und schlicht einen **Zustand von Langeweile** empfinden, weil sie ihre Betätigung vergessen haben! Sie könnten das subjektive Gefühl haben, dass nichts passiert, dass immer alles gleich ist. Das Gefühl, stetig unterfordert zu sein, kann negative Emotionen begünstigen.

> **Tipp 37:** Prüfen Sie bei Menschen mit Demenz, die herausforderndes Verhalten zeigen, ob ihnen langweilig ist.

Vielleicht haben sie ja vergessen, dass sie bereits eine Betätigung begonnen hatten.

> **Tipp 38:** Bedenken Sie, dass es möglich sein kann, dass sich bei Menschen mit Demenz das Zeitgefühl verändert.

Es fällt den Betroffenen schwer, Zeitabstände realistisch und korrekt ein- und abzuschätzen. Auch das Lesen einer analogen Uhr fällt vielen Menschen mit Demenz bald nach den ersten Symptomen schwerer. Im Laufe der Erkrankung wird das Lesen einer Uhr unmöglich.

Ich möchte etwas tun

Tipp 39: Vergessen Sie nicht, dass die meisten Senior*innen aus einer „Schaffer-Generation" kommen und es gewohnt sind, sich viel zu betätigen.

Die heutigen Senior*innen entstammen einer Generation, die viel gearbeitet hat. Neben der normalen Arbeitsstelle bestand das tägliche Arbeitspflichtprogramm in Haus und Hof, vielleicht mit Landwirtschaft oder Garten. Das bedeutete viel Arbeit und wenig Ruhe.

Tipp 40: Berücksichtigen Sie bei der Auswahl der Beschäftigungsangebote die individuelle Biografie jedes einzelnen Menschen mit Demenz.

Herr M. war früher Kellner in einer Edelgastronomie. Heute ist er aufgrund seiner demenziellen Veränderungen Gast in einer Tagespflege. Er wischt und kramt fortlaufend über den Tisch und räumt stets alle Gegenstände um. Das äußert sich auch bei den Mahlzeiten, wo er anderen Gästen die Teller und Getränke umräumt und selbst nicht zum Essen kommt. Wenn Herr M. ein Geschirrtuch in die Hand bekommt und gebeten wird, die Gläser und das Besteck zu polieren, nimmt er das Betätigungsangebot dankbar an, sodass er nach getaner Arbeit zufrieden und ruhig wirkt.

Wie im Anfang des Kapitels erwähnt, leidet nicht nur das Kurzzeitgedächtnis unter der Demenz, sondern im Krankheitsverlauf schleicht sich noch ein Verlust des Langzeitgedächtnisses ein. Das **Langzeitgedächtnis** ist der Füllort aller subjektiv wichtigen Gedächtnisinhalte des gesamten Lebens. Man kann es mit einem gefüllten Gefäß vergleichen. Alle Gedächtnisinhalte aus der Kindheit sind im unteren Teil des Glases zu finden, alle weiteren Gedächtnisinhalte haben sich schichtartig darübergelagert.

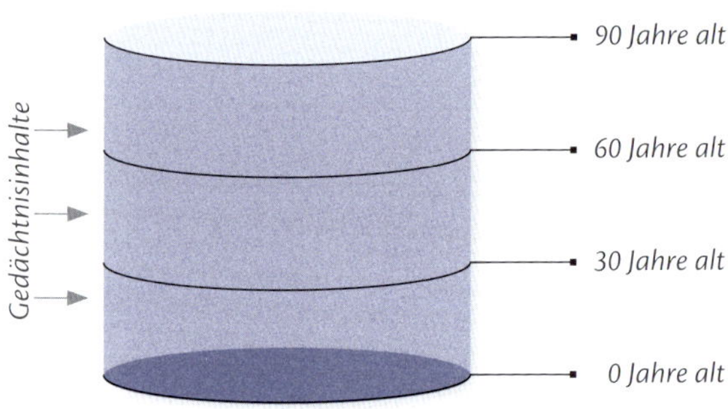

Im Fall einer Demenz werden die Gedächtnisinhalte, die sich als letzte abgelagert haben, zerstört und so nicht mehr für die Betroffenen abrufbar. Sie können sich an die Gedächtnisinhalte nicht mehr erinnern. Mit Fortschreiten der Erkrankung leert sich das Gefäß von oben nach unten.

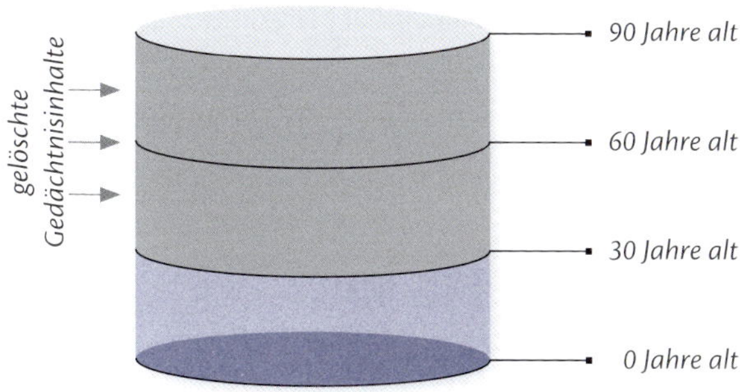

Das hat zur Folge, dass Menschen mit Demenz sich in einer anderen Lebensrealität befinden, da die Gedächtnisinhalte nicht mehr abrufbar sind. Man könnte sagen, dass ein Mensch mit Demenz sich als so alt wahrnimmt, wie hoch sein Gedächtnisgefäß noch gefüllt ist. So könnte sich ein Mensch mit Demenz im mittelgradigen Stadium ungefähr 30 Jahre alt fühlen. Je weiter die Demenz fortschreitet, um so jünger fühlen sich die Menschen, teilweise bis weit in die Kindheit hinein. Wenn das der Fall ist, erkennen viele Menschen die jetzige Lebensrealität nicht mehr und haben Schwierigkeiten, diese zu ihrer Person in Verbindung zu setzen. Das hat zur Folge, dass 90-jährige Frauen in Senioreneinrichtungen nach ihren kleinen Kindern suchen und Angst haben, diese verloren zu haben, oder dass 80-jährige Männer wieder auf die Arbeit wollen.

Tipp 41: Versuchen Sie, den Füllstand der Gedächtnisinfos des Langzeitgedächtnisses zu ermitteln, und bieten Sie die passende Betätigung dazu an.

Herr L. läuft mit einer Tasche in der Hand unruhig über den Flur. Als er die Betreuungskraft sieht, fragt er sie: *„Wo komm ich hier raus? Ich muss zur Arbeit in die Fabrik! Ich bekomme sonst Ärger mit meinem Schichtführer!"* Die Betreuungskraft bittet ihn, ihr zu folgen, und führt ihn an einen Tisch.
Dort steht eine Schale, gefüllt mit Muttern, Schrauben und Unterlegschrauben. Daneben befindet sich ein Kasten mit drei Unterteilungen. Die Betreuungskraft bittet Herrn L.: *„Sie sind ein so fleißiger Arbeiter! Ich brauche Sie unbedingt hier. Keiner kann die Arbeit so gut leisten wie Sie. Bitte sortieren Sie die einzelnen Teile in den Kasten. Ich danke Ihnen schon mal sehr im Voraus!"*
Daraufhin setzt sich Herr L. an den Tisch und fängt an, die Einzelteile zu sortieren. Seine Sorge bezüglich seiner Arbeitsstelle und des ärgerlichen Schichtführers sind verpufft. Die Arbeit, die er jetzt ausführt, gibt ihm ein gutes Gefühl und lenkt ihn ab.

Tipp 42: Machen Sie Gebrauch von Komplimenten und Bestätigungen.

Menschen mit Demenz können diese uneingeschränkt annehmen und freuen sich darüber.

Tipp 43: Nutzen Sie das Beschäftigungsangebot als Ablenkung und zeigen Sie dem Menschen mit Demenz, dass er gebraucht wird.

Jeder Mensch, egal ob mit oder ohne Demenz, hat das Bedürfnis, gebraucht zu werden, etwas leisten zu können.

Tipp 44: Achten Sie stets drauf, dass der*die Betroffene mit der Betätigung weder über- noch unterfordert ist.

Überforderung erzeugt das Gefühl „Ich kann nichts mehr" und Unterforderung vermittelt „Mir ist langweilig". Beide Gefühle sind kontraproduktiv. Schauen Sie stets, dass die Betroffenen die Betätigung leisten können, dass ihre Neugierde geweckt und ein gutes Gefühl erzeugt wird.

Tipp 45: Bieten Sie einem Menschen mit Demenz, sobald er unruhig wird, eine Betätigung für die Hände an.

Die Hände sind stets die aktivsten Körperteile. Bieten Sie Sortierarbeiten, Spiele, Handarbeiten, hauswirtschaftliche oder handwerkliche Tätigkeiten, kreative Möglichkeiten an – die Palette ist riesig.

Tipp 46: Stimmen Sie das Beschäftigungsangebot auf die Biografie des Menschen mit Demenz ab.

In Anbetracht des Verlusts der Tiefenwahrnehmung und des Fühlens ist die Betätigung mit den Händen eine gute Möglichkeit, sich selbst wieder zu spüren und durch die Bewegung die individuell längst mögliche Selbstständigkeit zu erhalten. Denn es gilt bekanntlich: „Wer rastet, der rostet"!

Ich weiß nicht, wie ich es tun soll

Neben vielen anderen hirnorganischen Funktionen zerstört die Demenz auch das Wissen darum, wie man etwas tut oder eine Aufgabe ausführt.

Frau D. sitzt vor ihrem Mittagessen und betrachtet es. Eine Minute vergeht, zwei Minuten vergehen, drei Minuten vergehen. Eine Pflegekraft bemerkt, dass Frau D. ihr Mittagessen noch nicht angerührt hat und immer noch auf ihren Teller starrt. Sie geht zu Frau D.s Essplatz und fordert sie auf: „Frau D., Ihr Essen wird doch ganz kalt. Fangen Sie doch jetzt mal an, zu essen, das ist doch so lecker!" Frau D. schaut die Pflegekraft groß an, sieht wieder auf den Teller – und nichts passiert. Nach kurzer Zeit kommt die Pflegekraft wieder: „Sie haben ja immer noch nicht angefangen. Schmeckt es Ihnen denn nicht?" Da nimmt Frau D. den Teller und wirft ihn auf den Boden!

Das Fallbeispiel zeigt auf, dass Frau D. offensichtlich nicht in der Lage ist, zu essen, und darauf mit herausforderndem Verhalten reagiert. Hinter dem Verlust dieser Fähigkeit könnte eine Agnosie und/oder eine Apraxie stecken.

Agnosie bedeutet im Fall von Frau D., dass sie nicht mehr weiß, welche Funktion, welche Bedeutung das Essen oder auch das Besteck hat. Für Frau D. ist das Besteck ein silbernes Teil und das Mittagessen möglicherweise nur eine Masse. Sie hat vergessen, dass man es essen kann und daraufhin satt ist.

Tipp 47: Machen Sie den Menschen mit Demenz bei einer Agnosie Tätigkeiten vor. Viele von ihnen können noch gut nachahmen.

Apraxie meint, dass Frau D. das Mittagessen vielleicht als solches erkennt, aber nicht mehr weiß, wie sie es in den Mund führen soll. Frau D. hat bei einer Apraxie eine motorische Bewegungsplanungsstörung und hat vergessen, wie sie die Gabel halten soll.

Tipp 48: Im Fall einer Apraxie führen Sie die Bewegungen an.

Nutzen Sie hierfür bspw. das Führen nach Affolter[3]: Stellen Sie sich hinter den*die Betroffene*n, nehmen Sie dessen*deren Hand und legen Sie diese auf Ihre Hand – führen Sie so den Essvorgang an. Das vermittelt dem Menschen, dass er die Handlung selbst ausgeführt hat.

---

3 *Hofer, Adrian (2009): Das Affolter-Modell®. Entwicklungsmodell und gespürte Interaktionstherapie. Richard Pflaum Verlag München.*

BEDÜRFNISSE
VON MENSCHEN MIT DEMENZ

Ich brauche dasselbe wie du

Jeder Mensch hat Bedürfnisse, natürlich auch Menschen mit Demenz. Der einzige Unterschied ist lediglich der, dass ein Mensch ohne Demenz die Erfüllung der Bedürfnisse aktiv mitgestalten kann, während ein Mensch mit Demenz dabei oft auf fremde Hilfe angewiesen ist.
Aber wie lassen sich Bedürfnisse definieren? Bedürfnisse sind wichtige Dinge, die ein Mensch benötigt, um Wohlbefinden zu erlangen. Dazu zählen:

- **materielle Bedürfnisse:** Verlangen nach Essen, nach einem Dach über dem Kopf oder Kleidung
- **immaterielle Bedürfnisse:** Verlangen nach Geborgenheit, Gerechtigkeit oder Liebe

Bedürfnisse sind bei jedem Menschen individuell verschieden.

> **Tipp 49:** Bedenken Sie, dass hinter jedem Bedürfnis ein Beweggrund steht, basierend auf der Lebenssituation und der Erfahrung des Menschen.

Der Wunsch, dass Bedürfnisse in Erfüllung gehen, könnte in einem Mangelzustand begründet sein. Wenn ein Mensch das Bedürfnis nach Essen hat, hat er meistens Hunger. Hat er das Bedürfnis nach Liebe, hat diese zu wenig Bestand im Leben.

Tipp 50: Machen Sie sich bewusst, dass hinter einem Bedürfnis ein Mangelzustand stecken könnte, auf den das herausfordernde Verhalten nur die Reaktion darstellt.

In diesem Kapitel sollen die Bedürfnisse von Menschen mit Demenz aufgezeigt und beleuchtet werden und es wird der Erklärungsversuch gestartet, dass herausforderndes Verhalten vielleicht auch mit einem unerfüllten Bedürfnis in Verbindung stehen kann.

Ich wünsche mir Normalität und Routine

Normalität und Routine sind bedeutsame Bedürfnisse von Menschen mit Demenz. Denken Sie an das Kurzzeitgedächtnis und wie schnell alles wieder in Vergessenheit gerät! Es ist schwer genug, sich mit dieser kognitiven Störung im Alltag zurechtzufinden und sich zu orientieren. Wenn die Demenz eine Langzeitgedächtnisstörung produziert hat, ist dies für die Betroffenen noch schwerer, weil nichts mehr vertraut ist und die eigene Realität mit der bestehenden nicht zusammenkommen will.

Wenn unvorhergesehene Ereignisse und Änderungen von Gewohnheiten passieren, ist es Menschen mit Demenz nur schwer möglich, sich anzupassen, geschweige denn, diese zu verstehen. Deshalb ist es so wichtig, dass alle Abläufe möglichst annähernd gleich sind, sodass die Betroffenen sich an sie erinnern können. So kann trotz einer Kurzzeitgedächtnisstörung ein Gewöhnungseffekt entstehen: Dauerhafte Normalität und Routine geben Sicherheit und Wohlbefinden. Das erzeugt ein gutes Gefühl, das sich Menschen mit Demenz nachhaltig merken können.

Tipp 51: Achten Sie auf routinierte Abläufe in der Tagesgestaltung.

In einer Senioreneinrichtung, in der viele Menschen zusammen Zeit verbringen, ist es bekanntlich schwerer, für Normalität und Routine zu sorgen, als in der eigenen Häuslichkeit. Dort passieren deutlich mehr ungeplante Ereignisse als zu Hause. Jedoch ist es gut, wenn der Tagesablauf auch in Senioreneinrichtungen routiniert abläuft. Es ist von Vorteil, wenn alle Bestandteile des Tagesprogramms immer zur gleichen Zeit und in der gleichen Abfolge geschehen.

Heute ist das große Sommerfest im Seniorenheim. Viele Besucher*innen werden erwartet und ein buntes Programm soll den Tag bereichern. Der Wohnheimchor singt einstudierte Lieder, ein Alleinunterhalter sorgt für gute Stimmung und die Kindergartengruppe hat ein kleines Theaterstück vorbereitet. Alle Mitarbeiter*innen sind fleißig am Dekorieren und Vorbereiten.
Frau Z. sitzt nach dem Frühstück auf ihrem Platz und wirkt verängstigt. Sie schaut immer in Richtung des wuseligen Treibens. Eine Pflegekraft erklärt ihr liebevoll: *„Frau Z., Sie schauen so ängstlich, es passiert hier nichts Schlimmes. Wir wollen ein schönes Fest feiern! Heute wird es bunt, viele Besucherinnen und Besucher kommen und der nette Alleinunterhalter wird schon für Stimmung sorgen. Also seien Sie schon mal auf gleich gespannt. Ach, und es gibt auch kein Mittagessen, wir braten draußen Würstchen!"* Frau Z. schaut sie an und wirkt verständnislos.
Als das Fest beginnt, wird auch Frau Z. von der Betreuungskraft mit auf den Hof geführt, wo schon viele andere Bewohner*innen und Angehörige auf den Bierzeltgarnituren

sitzen. Sie bekommt einen Platz zugeteilt und eine Bratwurst und ein Getränk gereicht. – Plötzlich fängt Frau Z. an, zu schreien und wild um sich zu schlagen.

Kennen Sie dieses Phänomen auch? Gerade wenn man es den Menschen mit Demenz besonders schön machen will und ihnen einmal etwas anderes bieten möchte, reagieren die Betroffenen mit herausforderndem Verhalten, nicht selten an Geburtstagen, allgemeinen Festen oder Weihnachten. Dabei liegt die Erklärung auf der Hand: Frau Z. wurde in ihrer klassischen Routine unterbrochen. Sie konnte sich die Welt nicht mehr erklären und verstand nicht, was das Fest eigentlich beabsichtigen sollte. Zu viele Menschen, andere räumliche Gegebenheiten, ein anderer Tagesablauf – all das hat dazu geführt, dass Frau Z. so reagiert hat, wie sie reagiert hat. Gerade Essen ist ein wichtiges Bedürfnis, auch bei Menschen mit Demenz. Es kann in vielen Fällen jedoch nur gestillt werden, wenn die Umstände passen. Im Fall von Frau Z. waren die Umstände der Mahlzeit verändert. Sie saß nicht wie gewohnt auf ihrem Essplatz im Tagesraum, sondern sie wurde auf einer Biergartenbank platziert, bei Menschen, die ihr unbekannt waren.

Tipp 52: Gestalten Sie die Mahlzeiten routiniert.

Für Menschen mit Demenz ist es ebenso sehr wichtig, dass für einen geregelten Tag-Nacht-Rhythmus, d. h. feste Aufsteh- und Zubettgehzeiten, gesorgt ist. Menschen mit Demenz können den Bezug zur Uhrzeit verlieren und damit die Fähigkeit, sich selbst einen geordneten Tag-Nacht-Rhythmus zu schaffen. Nicht selten schlafen Menschen mit Demenz am Tag und sind in der Nacht aktiv. Das ist für Biorhythmus und Gesundheit nicht gut, denn das wichtige Tageslicht versorgt uns mit Vitamin D, das der Mensch benötigt, um gesund zu bleiben.

Tipp 53: Sorgen Sie für routinierte Abläufe bei den Schlafenszeiten.

Dafür, dass Menschen mit Demenz sich wohlfühlen, ist u. a. auch die Wohnraumanpassung wichtig. Kognitiv fitte Menschen haben das Bedürfnis, Wohnräume auch immer wieder umzugestalten, natürlich auch jahreszeitlich zu schmücken.

Menschen mit Demenz freuen sich an jahreszeitlicher Deko, wenn diese Emotionen auslöst, so könnten auch wieder die alten Erinnerungen aus dem Langzeitgedächtnis aktiviert werden. Jedoch gilt: Zu häufiges Umdekorieren oder Umgestalten der Räumlichkeiten ist bei Menschen mit Demenz eher kontraproduktiv.

Tipp 54: Dekorieren Sie nicht zu oft um. Das kann zu Verwirrung führen.

Für Menschen mit Demenz ist eher wichtig, dass die Räumlichkeiten klar und strukturiert konstant gestaltet sind. Nur so ist eine Orientierung möglich und die Betroffenen können sich in den Wohnbereichen oder in der Häuslichkeit sicher und geborgen fühlen.

Tipp 55: Achten Sie auf die konstante Übersichtlichkeit der Räumlichkeiten.

Denn räumliche Veränderungen bedeuten für Menschen mit Demenz Unsicherheit und Unbehagen, da die eigentlich vertrauten Räume möglicherweise verkannt werden.
Falls ein Mensch mit Demenz in einem Seniorenheim lebt, ist es wunderbar, wenn vertraute Gegenstände oder kleine Möbelstücke aus der eigenen Häuslichkeit mitumziehen. Achten Sie aber bitte auf den „Füllstand" des Langzeitgedächtnisses (siehe Kapitel „Beschäftigung und Betätigung gegen die Langeweile", S. 48/49), sodass der Gegenstand oder das Möbelstück aus der Lebenswelt stammt oder stark emotional behaftet ist und so eine Beziehung besteht.

Ich wünsche mir Authentizität

Menschen mit Demenz sind Seismografen für Stimmungen. Sie merken sofort, ob Sie als Mitarbeiter*in oder Angehörige*r „echt" sind oder sich verstellen.

Tipp 56: Seien Sie gegenüber Menschen mit Demenz stets echt.

Wenn es Ihnen auch mal nicht so gut gehen sollte, verstellen Sie sich nicht, sondern erzählen Sie auch von Ihren Gefühlen. Damit kann ein Mensch mit Demenz mehr anfangen als mit Schauspielerei, denn alles, was echt ist, ist nachvollziehbar. Trotz seiner kognitiven Einschränkungen ist er erwachsen, auch wenn manche Bedürfnisse kindlicher sind.

Tipp 57: Begegnen Sie Menschen mit Demenz stets auf Augenhöhe und verkindlichen Sie sie nicht.

Herr B. leidet an einer Demenz und ist Gast einer Tagespflege. Um seine Frau zu entlasten, kommt er seit zwei Jahren täglich. Früher war er Lehrer für Mathematik und Physik an einem Gymnasium. Inzwischen zeigt er starke demenzielle Symptome und wirkt oft gehetzt. Der tägliche Wechsel zwischen zu Hause und der Tagespflege ist für ihn schwer zu verstehen.
Heute sitzt Herr B. in der Tagespflege auf einem Sessel und hört Musik: Musik von damals, Schlager der 1950er-Jahre.

Zuerst wippt er mit dem Kopf zum Takt, dann ändert sich seine Stimmung und er fängt an, zu weinen. Eine Mitarbeiterin sieht die dicken Tränen und geht zu Herrn B.: *„Du brauchst nicht zu weinen, du Armer, ist doch alles gut!"* Dabei streichelt sie ihm über die Wange. – Auf einmal schlägt Herr B. die Hand der Mitarbeiterin weg und sagt: *„Hau ab!"*

Womöglich hat Herr B. sich wie ein kleines Kind behandelt gefühlt und war ärgerlich über die streichelnde Hand im Gesicht und die infantilen Worte.

Tipp 58: Leben Sie die Grundhaltung, dass alles, was ein Mensch mit Demenz fühlt und tut, Sinn macht.

Überprüfen Sie Ihre Grundhaltung. Bewerten Sie die Gefühle und die Taten der Menschen mit Demenz. Zur Authentizität gehört auch, dass Sie den*die Betroffene*n so sein lassen, wie er*sie ist, denn dann begegnen Sie dem Menschen authentisch und Ihr Gegenüber kann sich authentisch fühlen.

Ich wünsche mir Beziehungen

Menschen sind soziale Wesen, egal ob mit oder ob ohne Demenz. Sie können dauerhaft nicht gut allein sein und sehnen sich nach Beziehung und Bindung zu anderen Menschen. Auch haben Menschen das große Bedürfnis nach Geborgenheit, Schutz, Nähe und Wärme durch andere Menschen.

Menschen mit Demenz benötigen eine sichere Bindung zu einem verlässlichen Gegenüber, da sie ihre Identität oft nur mit Unterstützung anderer aufrechterhalten können. Sie brauchen eine Beziehung, in der ihre Realität anerkannt wird. Das gibt Selbstbewusstsein.

Tipp 59: Ermöglichen Sie Menschen mit Demenz, untereinander Beziehungen einzugehen.

Setzen Sie Menschen mit Demenz zusammen und sorgen Sie dafür, dass sie miteinander eine Bindung aufbauen können und sich gegenseitig Halt geben. – Ja, das kann funktionieren!

Else und Ilse – beide Damen haben sich im Seniorenheim kennengelernt und beide waren zu diesem Zeitpunkt bereits dement. Sie haben es tatsächlich geschafft, eine Beziehung zueinander aufzubauen. Beide fühlten sich wie junge Frauen und bereicherten gegenseitig ihren Alltag durch gemeinsam verbrachte Zeit. Dann war nicht wichtig, dass geredet wurde. Es war primär wichtig, dass sie zusammen waren. Das hat beiden Sicherheit und Halt gegeben.

Als Else starb, war Ilse nicht mehr die Alte. Sie konnte sich wohl nicht mehr konkret an Else erinnern, aber ihr fehlte die Sicherheit und das zuverlässige Gefühl, nicht allein zu sein.

> **Tipp 60:** Seien Sie als Mitarbeiter*in ein*e beständige*r Begleiter*in und signalisieren Sie den Betroffenen Zuverlässigkeit und Feinfühligkeit.

Auch Sie als Mitarbeiter*in können eine professionelle Beziehung mit Menschen mit Demenz eingehen und das Grundbedürfnis der Betroffenen nach Sicherheit stillen. Nicht selten werden Sie dann mit einem*einer Angehörigen, vielleicht mit Schwester oder Bruder oder auch mit Freund*innen, verwechselt und als enge*r Vertraute*r angesehen. Das passiert, wenn Sie positive Emotionen auslösen.

> **Tipp 61:** Lassen Sie Liebe und Partnerschaft zwischen Menschen mit Demenz zu. Das Bedürfnis nach Zweisamkeit und die Libido enden nicht.

Sexualität im Alter ist grundsätzlich ein Tabuthema. Häufig wird älteren Menschen sexuelle Aktivität abgesprochen. Sie werden gerne als strickende oder Karten spielende Omas und Opas gesehen, die keine erotischen Wünsche und Vorstellungen mehr haben. Das ist jedoch ein Mythos, denn Sexualität ist auch im Alter eine Quelle für Lebensqualität, Selbstwertgefühl und Entspannung. Eine erfüllte, gelebte Sexualität ist zudem eine wichtige Bestätigung für das Selbstwertgefühl.

Sexualität gehört zum Leben jedes Menschen, mit oder ohne Demenz. Mit Sexualität sind dabei nicht nur sexuelle Handlungen, wie z. B. Geschlechtsverkehr oder Selbstbefriedigung, gemeint. Es geht auch um Liebe, Zuneigung, Zärtlichkeit und Vertrauen.

Immer wieder verlieben sich Menschen mit Demenz und wollen Partnerschaft und Sexualität leben. Das sind Grundbedürfnisse eines jeden Menschen, egal wie alt.

Wenn diese Bedürfnisse der Betroffenen nicht unterbunden werden, sondern ein persönlicher Raum geschaffen wird, kann sich das positiv und entspannend für alle Beteiligten auswirken.

Ich brauche Ruhe

Neben allen wichtigen Beschäftigungs- und Betätigungsangeboten ist es für Menschen mit Demenz genauso essenziell, Ruhe zu finden. Forscher*innen haben herausgefunden, dass Stille für unser Gehirn von großer Bedeutung ist. Es ist nicht für Lärm und laute Geräusche gemacht.

Wie aber sieht die Realität in Senioreneinrichtungen aus? Viele laute Geräusche: Stimmen, Geschirrklappern, Telefon, Klingel, Fernsehen, Radio – manchmal in Dauerbeschallung in den Tagesräumen und auch auf den Zimmern. Umso wichtiger ist, dass die Menschen mit Demenz auch echte Ruhe erfahren können.

Tipp 62: Ermöglichen Sie Menschen mit Demenz immer wieder Ruhephasen.

Stille befreit von Stress und Anspannung! Laute und dauerhafte Geräusche lassen unseren Blutdruck ansteigen. Sie aktivieren die Amygdala, das Angstzentrum im Gehirn, die daraufhin das Stresshormon Cortisol ausschüttet.

Tipp 63: Wenn ein Mensch mit Demenz gestresst und angespannt wirkt, versuchen Sie zunächst, ihn aus dem lauten Raum zu führen und ihm Ruhe zu geben.

Dauerhaft laute Geräuschreize müssen durch die Hörwahrnehmung ununterbrochen verarbeitet werden. Das ist besonders für Menschen mit Demenz anstrengend, da das Hörzentrum bereits geschädigt ist. Eine Konzentrations- oder Aufmerksamkeitsleistung ist ihnen dann fast nicht mehr möglich.

Tipp 64: Sorgen Sie auch für Ruhe, wenn Menschen mit Demenz sich konzentrieren müssen.

Ebenso ist das Treffen einer Entscheidung bei lauten Geräuschen für Menschen mit Demenz noch schwerer, als das in einer ruhigen Umgebung sein könnte.

Die Pflegekraft fragt Herrn P., ob er heute Schnitzel mit Pommes, Kohlrouladen mit Kartoffeln oder doch lieber Pfannkuchen mit Apfelbrei zum Mittag essen möchte. Im Hintergrund unterhalten sich Mitarbeiter*innen, das Radio läuft und das Telefon klingelt in Endlosschleife. Herr P. schaut die Pflegekraft nur an und reagiert erst einmal nicht. Als die Pflegekraft ihren Satz wohlwollend wiederholt, spuckt Herr P. der Pflegekraft mitten ins Gesicht.

Was ist da passiert? Die komplexe Leistung, eine Entscheidung zu treffen, ist Herrn P. unter diesen Umständen nicht möglich gewesen und er konnte nur mit herausforderndem Verhalten reagieren! Er hat sich überfordert gefühlt.

Am darauffolgenden Tag besucht die Pflegekraft Herrn P. in seinem Bewohnerzimmer und fragt ihn wieder nach der

Mittagessenwahl. Dieses Mal ist es aber ruhig und sie gibt ihm nur zwei Gerichte zur Auswahl. Nach einer erneuten Wiederholung und einer kurzen Bedenkzeit entscheidet sich Herr P. für ein Gericht und freut sich über seine Entscheidung.

Tipp 65: Bieten Sie in ruhigem Kontext immer nur zwei Auswahlmöglichkeiten an.

In unserem Gehirn gibt es Regionen, die dann aktiv werden, wenn es gerade keine bestimmte Aufgabe zu lösen hat und nicht durch Reize, wie Geräusche, stimuliert wird. In diesem Modus können wir viel besser auf unsere Emotionen und Erinnerungen, unsere Ideen und Gedanken zugreifen. Und genau das ist es ja, was wir uns für Menschen mit Demenz wünschen: sich wieder erinnern und Emotionen sortieren zu können.

Tipp 66: Menschen mit Demenz müssen nicht „dauerbetreut" sein. Gönnen Sie ihnen Ruhe und eine Auszeit.

Vielleicht besteht darin eine Möglichkeit, wieder ein bisschen auf alte Erinnerungen zurückgreifen zu können.

ERSCHEINUNGSFORMEN PSYCHISCHER VERÄNDERUNGEN

Ich bin kein Einzelfall

Psychiatrische Veränderungen sind bei Menschen mit Demenz keine seltene Begleiterscheinung und gerade sie stellen eine hohe Belastung für das Umfeld der Menschen dar. Pflege- und Betreuungsaufwand steigen, ganz zu schweigen von der psychischen Belastung aller Mitarbeiter*innen und Angehörigen. Das Handling bedarf einer guten Schulung und eines breiten Fachwissens über das Krankheitsbild.

Tipp 67: Informieren Sie sich gut über die psychiatrischen Krankheitsbilder. Mit fundiertem Fachwissen ist ein gutes Handling möglich.

Die Hauptsymptomatik der psychiatrischen Verhaltensauffälligkeiten bei einer Demenz sind Depression, Wahn und Halluzination sowie Angst, die im Folgenden näher betrachtet werden sollen.

Ich bin tieftraurig – Depressionen

Eine Demenz und eine Depression können nebeneinanderbestehen oder in direkter Verbindung zueinander. Viele Menschen mit Demenz weisen in ihrem Krankheitsverlauf eine depressive Episode auf. Mögliche Symptome könnten sein:

- Energieverlust
- Interessensverlust
- verminderter Appetit
- Verschlechterung der Stimmung
- Änderung des Schlafmusters
- Rückzug
- Weinkrämpfe
- Sprechen über den Tod und das Sterben
- plötzliche Entwicklung von Reizbarkeit
- somatische Schwierigkeiten, wie Schmerzen

Besonders das leichte Anfangsstadium einer Demenz ist häufig durch eine Depression geprägt. In diesem Stadium bemerken die Betroffenen ihre kognitiven Verluste und nicht selten erleiden sie über die Diagnose einen Schock und nabeln sich von der sozialen Umwelt ab. Frust und Scham sind typische Motive, um in eine Depression zu rutschen.

Tipp 68: Nehmen Sie depressive Züge von Menschen mit Demenz ernst.

Wenn das Kind in den Brunnen gefallen ist und sich eine Depression entwickelt hat, besteht Handlungsbedarf. Eine Möglichkeit ist Bewegung! Sie tut gut und steigert unser Wohlbefinden. Das gilt für alle Menschen, ob mit oder ohne Demenz und mit oder ohne Depression.

Neuere Studien [4] untersuchten die Wirksamkeit von Sport und Bewegung bei Depressionen gepaart mit einer Demenz. Sie kommen zum gleichen Ergebnis: Bewegung kann die Symptomatik einer Depression mildern und eine Demenz verlangsamen. Wenn Betroffene sich also mehr bewegen, kann die Stimmung positiv beeinflusst werden. Der Körper schüttet Endorphine (körpereigene Stoffe, die Freude fördern und das Schmerzempfinden dämpfen) aus und das Stresshormon Cortisol wird gesenkt. Also:

Tipp 69: Motivieren Sie die Betroffenen zur Bewegung. Sie kann trübe Gedanken vertreiben.

Eine weitere Handlungsmöglichkeit bei Menschen mit Demenz und Depression ist das kreative Gestalten. Wenn ein Mensch kreativ ist und dabei etwas gestaltet, wird er durch seine Fantasie angeregt. Fantasie und Kreativität haben nichts mit kognitiven Funktionen gemeinsam und sind besonders für

[4] *Hierzu zählen z. B. die FINGER-Studie (Finnish Geriatric Intervention Study to Prevent Cognitive Impairment and Disability), Bewegung gegen Demenz (Karlsruher Institut für Technologie, Institut für Sport und Sportwissenschaft) sowie Let's Move: Bewegung und Demenz (Demenz Support Stuttgart).*

Menschen mit Demenz eine wunderbare Entfaltungsmöglichkeit. Ebenso sprechen Farben den Gemütszustand an und können diesen positiv verändern.

> **Tipp 70:** Motivieren Sie die Betroffenen zum kreativen Gestalten. Es bereitet ohne kognitive Anstrengungen ein gutes Gefühl.

Die Betroffenen können ohne Leistungsdruck aktiv sein und nebenher etwas erschaffen. Dabei erfahren sie eine Art Selbstbestätigung und positive Gefühle von Stolz und Zufriedenheit. Die kreativen Angebote sollten danach ausgewählt werden, dass sie Lust und Freude bereiten, dass sie biografisch angelehnt sind und dass die Aufgabe ohne Probleme durchgeführt werden kann. Besonders geeignet sind z. B. Aquarell- und Seidenmalerei oder einfache Spritz- und Drucktechniken. Bei allen Techniken kommt es nicht auf Perfektion an und sie bieten schnell ein buntes und schönes Ergebnis.

> **Tipp 71:** Konzeptionieren Sie das kreative Angebot stets so, dass es für die Betroffenen leistbar ist und ihnen Spaß macht.

Akzeptieren Sie aber auch, wenn jemand ein kreatives Angebot ablehnt.

> **Tipp 72:** Neben Bewegung, kreativen Angeboten oder Betätigung allgemein ist das Aufsuchen eines Facharztes oder einer Fachärztin für Psychiatrie und Neurologie ratsam.

Besonders bieten sich Fachpraxen mit dem Schwerpunkt „Geriatrie" an. In vielen Fällen ist dann der Griff zu Psychopharmaka unabdingbar.

Ich sehe was, was du nicht siehst! – Wahn und Halluzinationen

Wahnvorstellungen oder Halluzinationen sind herausfordernde Symptome, die Mitarbeiter*innen von Senioreneinrichtungen und pflegenden Angehörigen von Menschen mit einer Demenzerkrankung immer wieder begegnen. Was genau ist aber der Unterschied?

Frau U. wirkt unruhig und ängstlich und will nach dem Mittagessen nicht zur Mittagsruhe in ihr Zimmer. Die Pflegekraft fragt Frau U., warum sie Angst hat. Diese entgegnet ihr: *„In meinem Zimmer wartet ein böser, großer Mann auf mich, der will mir was Schlimmes antun, das weiß ich genau!"*

Dies ist ein Beispiel für Wahn. Wahn ist immer eine Vorstellung von einer bestimmten Sachlage, die die Betroffenen als Realität erleben, obwohl sie der Wirklichkeit widerspricht.

Herr I. schreit beim Toilettengang laut und panisch auf. Als die Pflegekraft in das Badezimmer kommt, ist Herr I. ganz aufgelöst und sitzt mit angezogenen Beinen auf der Toilette. Auf Nachfrage erwidert Herr I. panisch: *„Da sind lauter Käfer! Dicke Käfer! Hilfe! Ich habe Angst, ich weiß nicht, wie ich hier runterkommen soll!"*

Herr I. hat eine Halluzination, einen optischen oder akustischen Eindruck, der für ihn real ist.

Beim Umgang mit Wahnvorstellungen und Halluzinationen bei Menschen mit Demenz stellen sich den Betreuenden folgende drei Fragen:

- Soll man in den Wahn eines Menschen mit Demenz einsteigen oder nicht?
- Soll man eine Halluzination eines Menschen mit Demenz als solche aufdecken oder nicht?
- Soll man die Betroffenen im Umgang mit Wahn und Halluzinationen anlügen oder nicht?

Darüber, ob es eine Lösung ist, den **Wahn** „mitzumachen", gibt es viele verschiedene Meinungen. Erwin Böhm[5] empfiehlt, mit in die Wahnwelt einzusteigen und diese nicht zu verharmlosen oder zu übergehen. Im Fall von Frau U. ist sicher die beste Lösung, sie zu beruhigen und ihr zu sagen: „Ach, dann bleiben Sie doch einfach hier! Ich passe auf, dass der Mann Ihnen nichts antut!"

Tipp 73: Spielen Sie den Wahn nicht herunter, sondern nehmen Sie ihn ernst und arbeiten Sie deeskalierend und wertschätzend.

Auch dabei, eine **Halluzination** aufzudecken und dem*der Betroffenen aufzuzeigen, dass er*sie sich alles nur einbildet, gilt wieder: Streben Sie nach Deeskalation und Wohlbefinden

---

[5] *vgl. Böhm, Erwin (2018): Psychobiographisches Pflegemodell nach Böhm. Bd. 1 Grundlagen. 5. vollst. überarb. Auflage. Maudrich Verlag.*

für die Betroffenen. Die Menschen mit Demenz, die in einer Halluzination stecken, sehen die Halluzination als absolut real an und nichts kann sie von ihr abbringen. Im Fall von Herrn I. könnte die Pflegekraft einen Besen holen und so tun, als ob sie die Käfer wegfegt, und das auch noch kommentieren: „Diese Plagen! Ich feg sie alle weg, dass kein Käfer hier mehr rumkrabbeln kann. Gleich ist alles wieder sauber!“

Tipp 74: Sorgen Sie aktiv dafür, dass die Halluzination verschwinden kann.

Ich habe einen Leitsatz: Wenn ich große Sorgen, Probleme und Nöte von Betroffenen kleinrede, werden sie groß. Wenn ich sie groß mache, indem ich mich ihnen aktiv zuwende und ihnen Gewicht gebe, können sie kleiner werden. Die Betroffenen fühlen sich ernst genommen, wertgeschätzt und nicht allein mit ihren psychischen Auffälligkeiten, die ihnen Angst und Unsicherheit bescheren.

Tipp 75: Sehen Sie das Problem als genauso groß an wie der*die Betroffene. Dann kann es kleiner werden.

Ist Lügen also eine Lösung? Ich persönlich möchte nicht angelogen werden, also lüge ich die Menschen mit Demenz auch nicht an. Doch es ist ein steiler Grat: Meiner Meinung nach ist es keine Lüge, die Käfer von Herrn I. wegzukehren. Eine Lüge wäre aber, Frau U. zu sagen, dass ich den Mann schon aus dem Zimmer vertrieben hätte. Die eigene Haltung dem*der Betroffenen gegenüber ist Teil des Handlings und kann eine Lösung des Problems darstellen.

Wie bereits erwähnt, haben Menschen mit Demenz seismografische Antennen und sind sehr empfänglich für Gefühle. Wenn Menschen lügen, schwingen Unsicherheiten mit, die die Menschen mit Demenz spüren. Spielen Sie zur Deeskalation mit, aber lügen Sie nicht, denn: Lügen haben kurze Beine!

Tipp 76: Lügen Sie einen Menschen mit Demenz nicht an. Es ist gut möglich, dass er Ihre Lüge entlarvt.

Hilfe, ich fürchte mich! – Angst

Angst tritt bei Menschen mit Demenz häufig auf. Sie ist eine natürliche und sinnvolle Emotion. Wenn diese Angst aber zu groß wird, dann ist der Mensch krank und hat einen großen Leidensdruck.
Mit einer Demenz nimmt die Fähigkeit ab, mit der Angst angemessen umzugehen. Die Folge könnte eine unkontrollierte Stressreaktion mit den typischen Merkmalen der Unruhe und des Gefühls der Lähmung sein, also eine Angstattacke. Menschen mit Demenz haben die Emotionsregulierung verloren und können sich in eine Angstattacke hineindrehen. Der Grund ist nicht immer ersichtlich. Wahn und Halluzinationen machen Angst, aber auch die veränderten Wahrnehmungsleistungen. Ängstliche Menschen mit Demenz benötigen eine Stütze, da sie von sich aus selbst nicht in der Lage sind, die Angst zu regulieren.

Tipp 77: Helfen Sie den Betroffenen, die Angst zu regulieren, indem Sie sie mit aushalten

Seien Sie einfach da, halten Sie mit aus! Je mehr sich die Betroffenen verstanden und anerkannt fühlen, desto besser kann sich die Angst regulieren, da sie so Sicherheit erleben. Nähe deaktiviert Angst!

Tipp 78: Lernen Sie bei besonders ängstlichen Menschen mit Demenz die Angstauslöser kennen. So deeskalieren Sie.

Frau B. hat eine Demenz im mittelgradigen Stadium. In ihrem Bewohnerzimmer fühlt sie sich pudelwohl, wirkt entspannt und freut sich immer wieder über einen Besuch. Sobald Frau B. jedoch zum Mittagstisch in den Speisesaal begleitet wird, reagiert sie mit panischer Angst. Sie bekommt einen hochroten Kopf, ihre Atmung beschleunigt sich, ihre Muskulatur spannt sich am ganzen Körper an und sie versucht, sich mit allen vieren gegen diese Situation zu wehren.
Immer wieder reden die Mitarbeiter*innen besänftigend auf sie ein. Keine Chance! Frau B. hat Angst vor großen Menschenmengen, sie bekommt Panikattacken bei mehr als fünf Personen in einem Raum.

Angst und Panik gehen für die Betroffenen mit hohem Leidensdruck einher. Reduzieren Sie diesen durch Deeskalation. Hier wäre angebracht, Frau B. eine kleine Essgruppe zu ermöglichen oder sie allein auf dem Zimmer essen zu lassen.

AUSSERHALB DER ETIKETTE – ENTHEMMTES VERHALTEN

Hau ab, du blöde Kuh! – Verbale Entgleisungen

Enthemmtes Verhalten, egal ob von Menschen mit oder ohne Demenz, das sich außerhalb der normalen Verhaltensetikette oder unterhalb der Gürtellinie befindet, irritiert und ist befremdlich. Bei kognitiv fitten Menschen findet man Erklärungen und Rechtfertigungen. Bei Menschen mit Demenz steht man oft vor einem Rätsel, weil man einfach nicht verstehen kann, warum dieses Verhalten gezeigt wird. Teilweise steht es in keinerlei Kontext zu den Menschen; daher ist so schwer nachvollziehbar, warum die nette und stets auf Etikette bedachte Dame sich in vulgären Worten ausdrückt oder der korrekte und früher eher zurückhaltende Herr mit sexuellen Anspielungen um sich wirft!
Wenn Menschen im Alter extrem verändertes Verhalten zeigen, mit Persönlichkeitsveränderungen, emotionalem Kontrollverlust und Enthemmtheit, dann könnte es sich um eine Frontotemporale-Demenz (FTD) handeln. Diese Demenzerkrankung ist jedoch selten und kommt nur bei einem geringen Prozentsatz der Betroffenen vor.

In diesem Fall finden hirnorganische Veränderungen im Stirnlappen (Frontallappen) und im Schläfenlappen (Temporallappen) des Gehirns statt. Wenn die Demenz in diesen Arealen ihr Unwesen treibt, bleiben starke Persönlichkeits- und Verhaltensveränderungen nicht aus, die für das Umfeld oft eine schwierige Situation darstellen. Durch die veränderte Persönlichkeit und den emotionalen Kontrollverlust können

Betroffene mit unkontrollierten Beschimpfungen um sich werfen. Das bedeutet, wenn ein Mensch mit Demenz eine negative Emotion, also Wut und Ärger oder Ängste erlebt, ist es möglich, dass diese Emotionen nicht mehr kontrolliert werden können, sondern frei herausgeschossen werden – nicht selten als Beschimpfungen, die früher nicht in das „angepasste" Vokabular des*der Betroffenen gepasst hätten.

Herr E. hat zunehmend Schmerzen in seiner rechten Hüfte und das Laufen fällt ihm immer schwerer. Wenn er sich auf dem Flur des Altenheims bewegt, schimpft er wie ein Rohrspatz. Offensichtlich hat er Schmerzen und ärgert sich über seine zunehmende Immobilität. Als ein Pfleger ihn fragt, ob er Hilfe benötigt, beschimpft Herr E. den Pfleger sehr vulgär und hinkt dann den Flur weiter in Richtung seines Zimmers.

Tipp 79: Nehmen Sie verbale Angriffe nicht persönlich. Die Betroffenen können ihre Emotionen vermutlich nicht mehr steuern.

Falls Sie sich doch persönlich angegriffen fühlen, da die Beschimpfungen Ihren eigenen wunden Punkt getroffen haben, distanzieren Sie sich bestmöglich. Sie sind auch nur ein Mensch und haben Ihre Emotionen. Benachrichtigen Sie einen Kollegen oder eine Kollegin, der*die bei der Beaufsichtigung des wütenden Menschen distanzierter ist.

Tipp 80: Distanzieren Sie sich bei persönlicher Kränkung. Auch professionelle Mitarbeiter*innen haben ihre persönlichen Grenzen.

Ein möglicher Umgang mit Herrn E. wäre, diese Beschimpfungen einfach zu ignorieren. Er lässt durch sein Schimpfen Dampf ab – Frust und Ärger über seinen gesundheitlichen Zustand. In dieser Situation helfen keine weiteren Worte, sie lassen die Situation eher überkochen, da die Betroffenen sich noch weiter in ihre Emotion hineindrehen.

Tipp 81: Ignorieren Sie Schimpfworte. Korrigieren oder Herunterspielen heizt Betroffene nur noch mehr an.

Ich muss mich spüren – fremd- und selbstverletzendes Verhalten

Fremdverletzendes Verhalten steht für Schlagen, Beißen, Treten, Werfen mit Gegenständen etc., wenn dadurch eine andere Person zu Schaden kommt – während sich bei selbstverletzendem Verhalten die Person selbst schädigt. Beide Verhaltensweisen müssen sofort unterbunden werden, da dadurch ein körperlicher oder psychischer Schaden an Menschen entstehen kann (siehe Kapitel „Herausforderndes Verhalten – Was ist das?“, S. 14 und 17).

Tipp 82: Unterbinden Sie fremd- und selbstverletzendes Verhalten sofort.

Frau J. kratzt, schlägt und beißt, sobald man sich ihr nähert und sie berührt. Dieses Verhalten zieht einen langen Rattenschwanz hinter sich her. Die Grundpflege und alle weiteren Pflegemaßnahmen gestalten sich äußerst schwierig und sind stets mit einem gesundheitlichen Risiko für alle Beteiligten verbunden. Tabletteneinnahmen verweigert Frau J. und an Betreuungsleistungen ist nicht zu denken. Sie verwahrlost zunehmend und ihr Gesundheitszustand verschlechtert sich immer mehr.

In solchen Fällen werden die Betroffenen einen hohen Leidensdruck haben, deshalb muss ihnen geholfen werden. Hier ist professionelle Hilfe von Psychiater*innen vonnöten, die entscheiden, wie Frau J. behandelt werden kann. Eventuell ist eine stationäre Aufnahme in einer Gerontopsychiatrie und eine medikamentöse Behandlung unvermeidbar.

Tipp 83: Suchen Sie in schlimmen Fällen psychiatrische Hilfe.

Wenn ein Mensch mit Demenz selbstverletzendes Verhalten zeigt, kann das aufgrund einer Unterbindung von Autostimulationen geschehen. Erinnern Sie sich noch an Herrn K., einen früheren Verputzer und heutigen Bewohner eines Seniorenheims, der im Wohnbereich herumlief und mit seinen Händen über alle Wände gewischt hat? (siehe Kapitel „Herausforderndes Verhalten – Was ist das?", S. 15)

Herr K. läuft heute wieder über den Wohnbereich und wischt über alle Wände und herumstehenden Gegenstände. Eine neue Mitarbeiterin sieht das Verhalten und bittet ihn, damit aufzuhören, anstatt ihm sein Tablett mit Bodylotion zu geben, das ihm routinemäßig gereicht wird, da sie diese Kompensationsstrategie nicht kennt. Herr K. kann aber mit seinen Wischbewegungen nicht aufhören und wischt und wischt. Es wirkt wie ein Zwangsverhalten. Immer wieder wird er gebeten und letztendlich ermahnt, sein Verhalten einzustellen. Er kann nicht aufhören und steigert sich immer weiter in sein Wischverhalten rein. Die neue Mitarbeiterin schickt Herrn K. auf sein Zimmer, da sein Verhalten im Wohnbereich ihrer Meinung nach nicht mehr tragbar ist. Nach einer Stunde schaut sie wieder in sein Bewohnerzimmer und entdeckt, dass Herr K. sich die Finger blutig aufgebissen hat.

So könnte selbstverletzendes Verhalten entstehen. Eine Autostimulation wurde gemaßregelt und unterbunden. Daraufhin weiß Herr K. keine andere Verhaltensstrategie und fängt an, sich selbst zu verletzen.

Tipp 84: Reflektieren Sie bei selbstverletzendem Verhalten: Habe ich eine Autostimulation unterbunden?

Selbstverletzendes Verhalten kann sich zeigen, wenn der Mensch seinen Körper zu wenig spürt oder eine negative Emotion so vorherrscht, dass ein Ventil nötig ist.

Beim Transfer von der Häuslichkeit in die Tagespflege schlägt Frau S. ihren Kopf immer wieder gegen die Autoscheibe – fast jede Wegstrecke zur Tagespflege hin und wieder zurück. In der Zeit während ihres Besuchs der Tagespflege ist sie entspannt, zu Hause auch. Allein der Transport gestaltet sich schwierig.

Es scheint, als könne Frau S. nicht verstehen, warum sie von einem Ort zum anderen gebracht wird. Man könnte interpretieren, dass sie Angst hat vor dem, was kommt. Möglicherweise kann sie diese Emotion aufgrund einer Sprachstörung auch nicht verbalisieren und sieht für sich als einzige Verhaltensweise, den Kopf an die Fensterscheibe zu schlagen. Natürlich sollte in diesem Fall darüber nachgedacht werden, ob der Transport für Frau S. zumutbar ist.

Tipp 85: Überprüfen Sie, woher das selbstverletzende Verhalten kommt.

Gibt es Angst auslösende Emotionen? Warum benötigen die Betroffenen diese Verhaltensweise als Ventil? Begleiten Sie die Betroffenen in andere, nicht Angst auslösende Situationen und bieten Sie ihnen so eine andere Perspektive an.

Ich will nur mal anfassen – sexuelle Enthemmtheit

Herr N. entblößt sich des Öfteren in Gesellschaft von anderen Menschen und masturbiert – zum Ärgernis und Erschrecken aller Beteiligten im Raum.

> **Tipp 86:** Unterbinden Sie sexuell enthemmtes Verhalten in der Öffentlichkeit zum Wohle aller Beteiligten.

Es wäre eine galante Lösung, Herrn N. auf sein Zimmer zu geleiten und ihn zu bitten, sich hier auszutoben, da das in Gesellschaft untragbar ist.

Herr O. versucht bei vielen Gelegenheiten, weibliche Mitarbeiter bei Pflege- und Betreuungsleistungen in Intimzonen anzufassen. Er zeigt dabei keine Einsicht und wiederholt sein Verhalten ungeniert tagein und tagaus.

> **Tipp 87:** Distanzieren Sie sich bei sexuellen Übergriffen, reflektieren Sie und sorgen Sie für sich.

Es ist kein Zeichen fehlender Professionalität, wenn Sie in solchen Fällen Mitarbeiter*innen des anderen Geschlechts bitten, die Pflege oder Betreuung zu übernehmen. Sie müssen nichts aushalten!

Wenn sexuelle Übergriffe oder enthemmtes sexuelles Verhalten gezeigt werden, dürfen Sie sich folgende Gedanken machen, um das bestehende Problem einzugrenzen und zu erfassen:

- Fühlt sich der Mensch mit Demenz einsam, nicht beachtet oder ist er gelangweilt?
- Zeigt er durch das (sexuelle) Verhalten einen Wunsch nach Nähe, Vertrautheit, Berührungen? Wie ist der emotionale Zustand?
- Könnten besondere Umstände eine bestimmte Situation oder ein Verhalten ausgelöst haben?
- Beeinflussen Medikamente des Menschen mit Demenz sein sexuelles Verhalten?
- Fasst sich der Mensch mit Demenz an die Genitalien, weil er Schmerzen oder eine Infektion hat? Muss er auf die Toilette oder möchte gewaschen werden?
- Verwechselt er Mitarbeiter*innen oder Mitmenschen mit geliebten Menschen oder früheren Sexualpartner*innen?
- Sind Wortfindungsstörungen existent? So kann es vorkommen, dass die Betroffenen handeln anstatt zu fragen oder Aussagen falsch verstehen („Zeit fürs Bett“).

VERÄNDERUNGEN IN DER KOMMUNIKATION BEI MENSCHEN MIT DEMENZ

Sprechen Sie „Dementisch“?

Mit Menschen mit Demenz kommunizieren – ja, aber wie denn? Diese Frage ist nicht leicht zu beantworten. Wir wissen, dass jede Demenz in jedem Gehirn individuell anders arbeitet und es dementsprechend viele Wege zur Kommunikation geben darf. Die Kunst ist nur, den individuell abgestimmten Weg für den einen Menschen mit Demenz zu finden.

> Tipp 88: Finden Sie einen individuellen Weg der Kommunikation, der für Sie selbst und für den Menschen mit Demenz passt.

Kommunikation ist ein wechselnder Austausch zwischen zwei Gesprächspartner*innen zur Informationsweitergabe. Wenn jedoch eine Demenzerkrankung besteht, ist jedem*jeder klar, dass diese Informationsweitergabe gestört sein kann.
Durch die Demenzsymptomatik ist es für die Betroffenen schwer, als Empfänger*innen von Informationen die Aufmerksamkeit zu fokussieren, Worte zu verstehen und diese dann auch noch zu behalten. Auch in der Rolle der*des Sendenden kann es für Menschen mit Demenz schwierig sein, eine Information darzubieten, da die Demenz das Sprachzentrum zerstören und Wortfindungsstörungen verursachen kann.
Wir wissen, dass neben den kognitiven Funktionen auch die Hör- und Sehwahrnehmung verändert bzw. vermindert sind. Außerdem sind viele Menschen mit Demenz besonders im Anfangsstadium der Krankheit frustriert, ängstlich oder

fühlen sich durch die selbst beobachteten Veränderungen hilflos. All das erschwert die Kommunikation ebenfalls.

Unsere Aufgabe ist es daher, mit den Menschen auf „Dementisch" zu kommunizieren. Das bedeutet, dass der Mensch mit Demenz die Möglichkeit bekommt, als Sendende*r und als Empfangende*r beide Rollen bestmöglich wahrzunehmen. Die Betroffenen müssen die Chance haben, selbst zu sprechen und ihre Informationen zu übermitteln und das Gesagte mit den übermittelten Informationen richtig zu verstehen.

> **Tipp 89:** Wählen Sie zur Kommunikation eine einfache und ganz eindeutige Sprache.

Menschen mit Demenz verstehen keine verschachtelten, komplexen Sätze. Die Aufmerksamkeits- und Konzentrationsspanne ist reduziert und so können lange Sätze nicht mehr nachvollzogen werden. Wenn Sie merken, Ihre Botschaft kommt nicht an, wiederholen Sie sie mehrmals in einfachen, kurzen Sätzen.

> **Tipp 90:** Sprechen Sie langsam und deutlich.

Menschen mit Demenz haben eine Reaktionszeitverminderung. Wenn Sie in einem Tempo sprechen, das Ihnen gequält langsam vorkommt, haben die Betroffenen die reelle Chance, zu verstehen.

Tipp 91: Stellen Sie sich frontal vor den Menschen mit Demenz und sprechen Sie erst, wenn er Blickkontakt aufgenommen hat.

Menschen mit Demenz haben aufgrund der veränderten Wahrnehmung oft ein anderes Sichtfeld, ähnlich einem Tunnelblick. Stellen Sie sich direkt in das vorhandene Sichtfeld der Betroffenen und warten Sie mit den ersten Worten, bis Sie den Eindruck haben, wahrgenommen zu werden. Dieses Handling vermeidet, dass die Betroffenen sich erschrecken.

Tipp 92: Verzichten Sie auf Ironie.

Bei ironischen oder sarkastischen Botschaften sucht unser Gehirn nach der eigentlichen Aussage, die hinter dem Gesagten steckt. Diese Fähigkeit geht durch eine Demenz verloren. Das Gesagte wird für bare Münze genommen und so können Kränkungen entstehen.

Tipp 93: Setzen Sie individuelle Schlüsselreize ein, die Emotionen auslösen.

Schlüsselreize stehen in Verbindung mit der Biografie der Menschen. Beschäftigen Sie sich mit ihr und nutzen Sie positive Erlebnisse als Schlüsselreiz.

Frau P. hat ihr ganzes Leben mit Hunden verbracht. Aufgrund einer Alzheimererkrankung lebt sie jetzt im Seniorenheim und kann selbst keinen Hund mehr versorgen. Meist sitzt sie mit geschlossenen Augen auf ihrem Stuhl und wirkt in sich gekehrt.
Eines Tages hat die Betreuungskraft ein Hundehalsband in der Hand und übergibt dieses Frau P. mit der Frage: *„Ist das Hundehalsband gut?“* Frau P. fängt an, zu strahlen, und erzählt von einem Hundeerlebnis aus der Kindheit.

Tipp 94: Verzichten Sie auf W-Fragen. Bieten Sie nur wenige Alternativen zur Antwort an.

Das Beantworten von Fragen stellt Menschen mit Demenz vor Herausforderungen. Dazu bedarf es eines Erinnerungs- und Entscheidungsvermögens.
Auch müssen die Fragen richtig gestellt werden. Fragen mit wenigen Alternativen sind solche, auf die man mit Ja oder Nein oder einem Auswahlwort antworten kann. Die Antwortmöglichkeiten sind beschränkt. Auch wenn Worte durch eine Aphasie fehlen, ist es für die Betroffenen erleichternd, nur zwei einfache Auswahlmöglichkeiten zu bekommen. Fragen Sie: „Möchten Sie Kaffee oder Tee?“ statt „Was wollen Sie trinken?“. Verzichten Sie in Ihrer Fragestellung auf W-Fragen (wie, wer, was, warum ...). Sie eröffnen einen zu weiten Horizont an möglichen Antworten, daher sollte man sie eher meiden.

Tipp 95: Benennen Sie eher Handlungsanweisungen oder -anleitungen statt Aufgaben oder Aufträge.

Betätigung und Beschäftigung sind wichtig für Menschen mit Demenz, sie müssen dabei aber begleitet und konkret geführt werden.

Frau D. wirkt unruhig und schiebt die Gegenstände auf dem Tisch von rechts nach links. Die Betreuungskraft will ihr eine Alternative geben und möchte mit ihr zusammen den Tisch decken. Sie kommuniziert: *„Lassen Sie uns doch gemeinsam den Tisch decken. Stellen Sie doch bitte diese Teller hier auf den Tisch. Genau und jetzt reiche ich Ihnen noch die Gläser. Bitte stellen Sie die Gläser hier hin ...!"*

Schritt für Schritt wird Frau D. mit einer einzelnen Aufgabe angeleitet, den Tisch zu decken. Mit einem „Decken Sie doch mal den Tisch!" wäre sie vielleicht überfordert gewesen.

Tipp 96: Vermeiden Sie Vorwürfe oder Korrekturen bei Fehlern oder Missgeschicken.

Versuchen Sie, stets positiv zu kommunizieren. Vorwürfe erzeugen Frust und Verlegenheit.

Tipp 97: Kommunizieren Sie ohne Worte.

Bei fehlenden sprachlichen Fähigkeiten bekommt das non-verbale Kommunizieren eine große Bedeutung. So sollte immer auch eine deutliche Körpersprache verwendet werden. Unterstützende Mimik und Gestik helfen, die Botschaft deutlich zu machen.

Kommunikation kann auch ganz ohne Worte funktionieren. Berührungen sind sehr direkte Wege der Kommunikation. Die körperliche Zuwendung kann eine größere Nähe erzeugen als jedes Gespräch, besonders am Ende der Krankheit sind sie oft der einzige Weg, mit den Menschen in Beziehung zu treten.

Ich kann nichts sagen! – Aphasien und Co.

Das größte Problem in der Kommunikation mit Menschen mit Demenz stellt jedoch die Aphasie dar. Aphasien sind Sprachstörungen, die mit Schwierigkeiten der Sprachproduktion oder des Sprachverständnisses einhergehen. Bei einer Demenz spricht man am häufigsten von einer semantischen Aphasie. Diese führt bei den Betroffenen zu einem langsam zunehmenden Verlust des Wissens darüber, was Worte bedeuten und bezeichnen. Eine Wortfindungsstörung ist gegeben.

Frau N. sitzt am Esstisch und hat ihren Teller leer gegessen. Sie ist jedoch noch nicht satt und möchte einen Nachschlag, den Sie kommunizieren muss. Leider fallen ihr die passenden Worte nicht ein. Sie legt frustriert die Gabel zur Seite und verzichtet auf die zweite Portion.
Herr W. sitzt in seinem Sessel. Draußen ist es sehr heiß, sodass die Betreuungskraft ihm bereits ein Glas Saftschorle in Greifnähe auf einen Beistelltisch gestellt hat. Als das Glas unberührt bleibt, bittet Sie Herrn W.: *„Trinken Sie doch mal ein bisschen, es ist heute so heiß!“* Herr W. schaut die Pflegekraft an, trinkt aber nicht.

Frau N. findet möglicherweise nicht die richtigen Worte und kann so ihr Anliegen nicht benennen. Herr W. wiederum versteht wahrscheinlich die Worte nicht. In beiden Fällen kann bei den Betroffenen Frust und Ärger aufflammen, da ihnen offensichtlich ist, dass die Kommunikation gestört ist.

Bereits im Anfangsstadium einer Demenz sind Sprachstörungen eine häufig vorkommende Symptomatik. In diesem Stadium haben die Betroffenen noch eine Krankheitseinsicht, d. h., sie wissen sehr wohl über ihren Zustand Bescheid und können diesen realistisch einordnen. Deshalb ärgern sie sich oder sind frustriert.

Tipp 98: Halten Sie den Ärger über Sprachstörungen mit den Betroffenen aus und spielen Sie diesen nicht herunter.

Wenn Sie den Ärger der Betroffenen kleinreden, wird er größer! Auch Mut machende Floskeln helfen nicht, die Betroffenen wissen im Anfangsstadium sehr wohl, dass sich die Symptomatik nicht mehr verbessern kann.
Ein Kompensationsversuch, besonders im Anfangsstadium, ist des Öfteren, dass Betroffene Begrifflichkeiten zu umschreiben versuchen.

Frau F. möchte sich die Hände waschen und findet die Seife nicht. Sie fragt nach: *„Wo ist denn das Ding zum Fingerwischen?“*

Tipp 99: Bitte korrigieren Sie umschriebene Begrifflichkeiten nicht. Spielen Sie verstandene Normalität.

Im oben genannten Beispiel wäre es also eher nicht empfehlenswert, Frau F. zu antworten: „Meinen Sie vielleicht die Seife?"

Im Laufe der Erkrankung können übrigens noch weitere Sprachveränderungen dazukommen: eine verringerte Sprechgeschwindigkeit oder vermehrte Sprachproduktionsschwierigkeiten bis hin zum Sprachverlust.

DEM HERAUSFORDERNDEN VERHALTEN MIT SELBSTFÜRSORGE BEGEGNEN

Wie geht es Ihnen? – Den Blick auf sich selbst richten

Bisher stand der Mensch mit Demenz in diesem Buch im Mittelpunkt. Immer wieder wurde betont, dass es wichtig ist, sich ganz auf ihn einzustellen, „in seine Schuhe zu schlüpfen" und herausforderndes Verhalten zu verzeihen, da er es nicht bewusst verschuldet. Auch nur durch diese Grundhaltung ist es möglich, dass Menschen mit Demenz Wohlbefinden und Lebensqualität erfahren. Die Betroffenen werden im Verlauf der Erkrankung immer abhängiger und sind auf unsere Unterstützung angewiesen.

Das bedeutet im Umkehrschluss, dass wir einen großen Krafttank haben müssen, aus dem wir unsere Energie schöpfen, um uns den Menschen mit Demenz zuwenden und ihnen all das geben zu können, was sie brauchen. Wer Menschen mit Demenz pflegt und mit deren herausforderndem Verhalten konfrontiert wird, weiß, wie viel Kraft man benötigt, um den Betroffenen gerecht zu werden.

Deshalb möchte ich das letzte Kapitel dieses Buches unter das Thema Selbstfürsorge stellen. Aufgrund meiner eigenen Berufserfahrung weiß ich, dass der Krafttank sich besonders bei herausforderndem Verhalten schnell entleeren kann. Nicht selten empfinden pflegende oder betreuende Menschen eine Leere und Kraftlosigkeit, da herausforderndes Verhalten von Menschen mit Demenz einfach das ist, was es ist: eine Herausforderung.

Also: Wie geht es Ihnen denn wirklich? Wie voll ist Ihr persönlicher Krafttank? Haben Sie Möglichkeiten, den Füllstand zu beeinflussen bzw. so hoch zu halten, dass Sie stets Kraft ausschöpfen können, aber immer noch Reserven für sich haben?

Tipp 100: Nehmen Sie sich selbst ernst.

Sie leisten wichtige Arbeit – menschenorientierte, anstrengende und qualifizierte Arbeit. Sie begegnen Menschen, die Ihre Hilfe benötigen, können aber nur professionell und qualifiziert Hilfe geben, wenn Sie sich selbst ernst und wichtig nehmen und es Ihnen dabei gut geht. Wer dauernd mit einem leeren Krafttank arbeitet, hat bald nichts mehr zu geben.

Tipp 101: Überlegen Sie, was Ihnen Kraft gibt.

Sorgen Sie dafür, dass Ihr Krafttank so voll ist, dass Sie daraus genug für andere schöpfen können, aber auch noch genug Kraft für Sie selbst darin bleibt.

Wenn man im 10-Sekunden-Takt immer wieder ein und dieselbe Frage gestellt bekommt, ist man verständlicherweise irgendwann einmal „tierisch genervt". Da kann nur der*die ruhig bleiben, der*die für sich selbst sorgt und z. B. einen Kollegen oder eine Kollegin bittet, die Situation zu übernehmen, oder Strategien zum „Ruhigbleiben" erworben hat. Wer nicht für sich selbst sorgt, tappt in Stressfallen, die ganz individuell sind.

Tipp 102: Entlarven Sie Ihre Stressfalle(n).

Ist das geschehen, überlegen Sie, wie Sie die Stressfalle(n) vermeiden können: Wenn Sie wieder in eine getappt sind, spüren Sie einmal nach, was denn dafür tatsächlich der Auslöser war. Wie hat sich die Situation gestaltet? Schreiben Sie es reflektierend auf. Eine Visualisierung ist nachhaltiger als nur gedanklich die Szene vor Augen zu haben.

Tipp 103: Akzeptieren Sie Ihre Stressfalle(n).

Das Wissen um die Stressfalle bedeutet nicht automatisch, dass wir nicht mehr in sie hineintappen. Es braucht Zeit, um Gewohnheiten und Verhaltensmuster zu verändern.

Ich passe auf mich auf! – Achtsame Wege gehen

Wer viel zu geben hat, muss auch auf sich selbst achten. Dafür steht die Achtsamkeit. Fühlen Sie sich eingeladen, achtsame Wege zu suchen und zu gehen, auch auf Station, in der Tagespflege, beim Besuch in der Häuslichkeit oder im Angehörigenkontakt.

> **Tipp 104:** Halten Sie einfach einmal inne und atmen Sie durch.

Nehmen Sie sich immer wieder einmal eine kurze Auszeit – es reicht nur eine Minute, manchmal noch weniger. Setzen oder stellen Sie sich hin und richten Sie Ihren Fokus dabei auf Ihre Atmung. Beobachten Sie, wie Sie ein- und ausatmen! Seien Sie dabei aber wirklich ungestört und ganz bei sich. Sie erzielen einen kurzen Cut und können kraftvoller weitersprinten.

> **Tipp 105:** Fokussieren Sie sich durch bewusstes Gehen.

Sie werden mit großer Wahrscheinlichkeit oft über lange Flure laufen oder allgemein viel in Bewegung sein. Nehmen Sie sich doch beim Gehen die Zeit, sich den Gehablauf bewusst zu machen. Nehmen Sie wahr, wie Ihre Füße den Boden berühren, welche Muskeln sich an- und wieder entspannen, beobachten Sie Ihr Lauftempo. Fokussieren Sie sich auf dem Weg auf sich und beobachten Sie: Wie geht es mir?

Tipp 106: Entspannen Sie schnell und nachhaltig durch innere Bilder.

Innere Bilder sind Vorstellungen von schönen Situationen. Überlegen Sie doch einmal, welche Situation für Sie so richtig schön war. Wann waren Sie richtig glücklich und erfüllt? Frieren Sie sich diese Situation als inneres Bild in Ihren Gedanken ein und erinnern Sie sich in stressigen Momenten daran. Dann erleben Sie das gute Gefühl wieder – ein Ausgleich für z. B. eine stressige Begegnung!

Tipp 107: Finden Sie Oasen im Alltag.

Genau! Im Alltag! Urlaub ist auch toll, stellt aber nur eine sequenzielle Oase dar. Wenn der Urlaub vorbei ist, braucht es meist nur eine kurze Zeit und man ist wieder in den Fängen des Alltags. Deshalb suchen Sie sich auch bewusst Oasen im Alltag, in denen Sie auftanken und regenerieren können. Vielleicht ist Ihre Oase ein Vollbad nach dem Feierabend, ein Spaziergang an der frischen Luft oder ein leckeres Essen?

Finden Sie Ihre Oase im Alltag und schöpfen Sie daraus Kraft und Energie.

Tipp 108: Sorgen Sie für genug Ruhe für sich selbst.

Wenn Menschen einen bewegten und fordernden Alltag haben, benötigen sie Ruhe und ausreichend Schlaf, um ihn zu meistern. Erleben Sie echte Ruhe, bei der Ihr Körper Kraft schöpfen kann?

Wir leben in einer lauten Welt. Unsere Gehirne stammen aber aus einer Zeit, in der es noch „echte" Ruhe gab: eine Zeit ohne Radio, Fernsehen, Autolärm oder Handyklingeln. Heute sind wir pausenlos Tönen, Bildern, Daten, Anforderungen und Aufforderungen ausgeliefert. Wir benötigen jedoch Stille, um unsere Ressourcen wieder aufzufüllen.
Dabei spielt unser Gehirn eine große Rolle. Es muss ununterbrochen Reize verarbeiten, was den präfrontalen Kortex sehr belastet. Unsere Aufmerksamkeitsspanne leidet darunter, ebenso unsere Fähigkeit, komplexe Dinge zu durchdenken, Entscheidungen zu treffen und Probleme zu lösen.
In der Stille können wir besser und kreativer denken. Wie bereits erwähnt, ist unser Gehirn auch dann aktiv, wenn es gerade keine bestimmte Aufgabe zu lösen hat und nicht durch Reize, wie Geräusche, stimuliert wird. In diesem Modus können wir viel besser auf unsere Emotionen und Erinnerungen zugreifen, auf unsere Ideen und Gedanken. Reflektieren und Kreativsein fällt uns leichter. Also gönnen Sie sich Ruhe.

Tipp 109: Lassen Sie sich helfen und suchen Sie den Austausch.

Das Pflegen und Betreuen von Menschen mit Demenz kann anstrengend und belastend sein. Wenn Sie sich belastet fühlen, sorgen Sie bitte für sich und lassen Sie sich helfen. Suchen Sie den Austausch mit Menschen, die Sie verstehen und sich in Ihre Welt hineindenken können.
Das können Kolleg*innen, Freunde, Freundinnen oder Angehörige sein. Bleiben Sie nicht allein stehen, sondern suchen Sie sich entlastende Hilfe von außen. Wenn im direkten Umfeld keine Person dafür infrage kommt, suchen Sie sich professionelle Beratung oder Supervision.

Tipp 110: Bilden Sie sich weiter.

Herausforderndem Verhalten zu begegnen, bedarf Professionalität. Lai*innen sind schnell überfordert. Beherrschen Sie Ihr Handwerk, indem Sie sich stetig fort- und weiterbilden. Durch einen erweiterten Erfahrungsschatz gelangen Sie zu Professionalität im Handling mit Menschen mit Demenz und können selbst deren herausforderndem Verhalten begegnen, da Sie andere Handlungsstrategien in petto haben und sich so besser abgrenzen können.

Tipp 111: Seien Sie dankbar statt unzufrieden.

Mit einer positiven und dankbaren Grundeinstellung lebt es sich leichter und kraftvoller. Versuchen Sie einmal, für Punkte in Ihrem Leben bewusst dankbar zu sein, und schreiben Sie auch das einmal auf. Auch ein „Ich-sag-danke-Tagebuch" empfiehlt sich. Wenn ein Mensch dankbar ist, können ihn die Stürme des Alltags nicht so schnell erschüttern, da er sich darauf zurückbesinnen kann, was im Leben gut und wertvoll ist. Die Perspektive kann sich ändern, vom Negativen zum Positiven. Probieren Sie es aus!

Ein paar Worte zum Schluss

Ich wünsche mir sehr, dass dieses Buch mit seinen 111 Tipps Ihnen in Ihrem Alltag mit Menschen mit Demenz, die herausforderndes Verhalten zeigen, weiterhilft: dass Sie durch das Buch einerseits mehr Sicherheit im Handling bekommen und die Welt der Menschen mit Demenz ein kleines bisschen besser verstehen können oder sich andererseits darin bestätigt fühlen, dass Sie auf einem guten Weg sind.

Ich wünsche mir sehr, dass dieses Buch Sie angeregt hat, viele einzelne Puzzleteile zu sehen und diese in Ihre Arbeit zu integrieren. Herausforderndes Verhalten und ein darauf abgestimmter Umgang basieren nicht nur auf einem Puzzleteil, sondern viele verschiedene ergeben erst ein ganzes Bild.

Ich wünsche mir sehr, dass Sie auch mit sich selbst sorgsam und achtsam umgehen, denn Sie leisten in der Pflege oder Betreuung eine grandiose und sehr vielschichtige Arbeit. Schauen Sie, dass Ihr Krafttank voll ist, dass Sie genug Energie für die Menschen mit Demenz und auch für sich selbst haben. Beide Seiten haben das verdient!

Alles Gute für Sie und Ihre zu pflegenden oder zu betreuenden Menschen mit Demenz!

Herzlichst, *Stefanie Helsper*